Carl Sternheim

Bürger Schippel

Komödie in fünf Aufzügen

Carl Sternheim: Bürger Schippel. Komödie in fünf Aufzügen

Erstdruck 1913 mit der Widmung »Für Albert Bassermann, den genialen Schauspieler«

Neuausgabe
Herausgegeben von Karl-Maria Guth
Berlin 2019

Der Text dieser Ausgabe wurde behutsam an die neue deutsche Rechtschreibung angepasst.

Umschlaggestaltung von Thomas Schultz-Overhage unter Verwendung des Bildes: Ernst Ludwig Kirchner, Eine Künstlergruppe, 1926

Gesetzt aus der Minion Pro, 11 pt

Die Sammlung Hofenberg erscheint im
Verlag der Contumax GmbH & Co. KG, Berlin
Herstellung: BoD – Books on Demand, Norderstedt

ISBN 978-3-7437-3153-0

Bibliografische Information der Deutschen Nationalbibliothek

Die Deutsche Nationalbibliothek verzeichnet diese Publikation in der Deutschen Nationalbibliografie; detaillierte bibliografische Daten sind im Internet über www.dnb.de abrufbar.

Personen

Der Fürst

Tilmann Hicketier, ein Goldschmied

Jenny Hicketier, seine Frau

Thekla Hicketier, seine Schwester

Heinrich Krey, fürstlicher Beamter

Andreas Wolke, Buchdruckereibesitzer

Paul Schippel

Ein Arzt

Müller und Schultze

Der erste Aufzug

Bürgerliches Wohnzimmer bei Hicketier.

Erster Auftritt

THEKLA, *ganz blond, tritt von links ein.* Bist du allein, Jenny? Um Mitternacht höre ich vom Zaun her, sehe einen Schatten, eine Mannsgestalt gebückt.

JENNY. Thekla!

THEKLA. Gebückt eine Ewigkeit lang, die ich hinstarre. Der Kerl hat mich bemerkt, rührt sich nicht. Schließlich, ihm aus seiner Lage zu helfen, trete ich zurück. Fort ist er. Wer war's?

JENNY. Wer grade für dich schwärmt.

THEKLA. Warum in schwarzer Nacht wie ein Dieb her und weg?

JENNY. Du hast dich getäuscht. Dir steckt Adolfs Tod noch in den Gliedern.

THEKLA. Sprich von Naumann nicht mehr in solchem Sinn. Er war mein Verlobter, ein schreckliches Wesen. Ich krümmte mich unter seiner Geradheit.

JENNY. Jetzt ruht er in Frieden. Die Männer werden gleich vom Begräbnis zurück sein. Ob es geklungen hat: »Wie sie so sanft ruhen« – ohne des Begrabenen Tenor?

THEKLA. Dieser Morgen! Da es feststand, er ist Staub. Die Freude darüber besiegte das Grauen vor dem nächtlichen Spuk.

JENNY. Du dachtest einst besser von Naumann.

THEKLA. Ein Juniabend entschied. Wir beiden allein. Ich angefüllt von Glück, ihm als dem Weltall hingegeben. Das Wort musste er sprechen, Zeichen geben, ich hätte ihn überschüttet. Blödsinn schwieg er. Seine Augen eines Kalbes auf Stielen.

JENNY. Kind!

THEKLA. Da war's vorbei. Ich wieder frei.

JENNY. Verwische Tilmann das Bild des Freundes nicht.

THEKLA. So wenig wie mein eigenes hochheiliges. In meines Bruders Vorstellung bleiben wir das Brautpaar auf ein Postament hochgestellt. Ich spiele für ihn die Untröstliche.

JENNY. Er braucht aus seiner Natur Symbole.

THEKLA *hat einen goldenen Kranz vom Kissen unter einem Glassturz hervorgenommen und ihn sich lachend aufs Haupt gesetzt.* Hier siehst du die beiden Höchsten vereint: seine Schwester und den zweimal ersungenen Kranz.

JENNY. Der durch Naumanns Tod kurz vor dem Wettgesang auf dem Spiel steht.

THEKLA. In der Hinsicht war sein Abscheiden rücksichtslos. Aber sie haben Aussicht, Schippel zu ...

JENNY. Mit ihm gibt's gefährliche Komplikation. Ich kann dir nicht sagen, welche.

THEKLA. Ich weiß sie längst: Er ist unehelich.

JENNY. Vor Tilmann darfst du das Wort nicht kennen.

THEKLA. Vor ihm bin ich noch nicht bis zum Storch gekommen.

JENNY. Es ist den Männern ein Gräuel. Sie können sich nicht entschließen, ihn aufzufordern. Inzwischen fliegt die Zeit. Der Fürst ist gestern auf dem Schloss schon angekommen. Tilmann beherrscht sich zur Not; aber Wolke und Krey ...

THEKLA *lacht.* Rasen!

JENNY. Du spottest. Solche Männer sind dir nicht romantisch genug.

THEKLA. Sind mit Tilmann verglichen Spießbürger.

JENNY. Weil du dir nicht die Mühe nimmst, ihre Tugenden anzusehen.

THEKLA. Hebe ich zu Krey den Blick, ist er entsetzt. Der Junggeselle hat vor dem ledigen Mädchen Angst.

JENNY. Wolke möchte dich wohl; hat dich immer gemocht.

THEKLA. Dann tausendmal eher Krey! Ihn könnte man erziehen. *Plötzlich.* Das Gespenst nachts, Umfang, Gestalt hatte Ähnlichkeit mit Wolke. Wär's möglich – Wolke romantisch nachts unterwegs? *Sie lacht stürmisch.* Um so etwas könnte sogar der mir gefallen. Denn nie war meine Erwartung so fieberhaft auf den Helden gestellt.

JENNY. Mädchen!

THEKLA *zieht Jennys Hände an ihre Brust.* Hier ist bald Tag- und Nachtgleiche. Sommeranfang.

Zweiter Auftritt

Treten auf Hicketier, Krey und Wolke in Gehröcken und Zylinderhüten.

HICKETIER *auf Thekla zu.* Arme geliebte Schwester!

WOLKE. Er ist sozusagen in Schönheit hingegangen, aus seines Lebens Blüte weggerafft. Die Bestattung großartig. Pastos ohne Tenor. Dunkel. Eine ganz eigene Wahrnehmung. Was meinst du, Krey?

KREY *leise.* Halt's Maul!

WOLKE *zu Thekla.* Wir haben in richtiger Würdigung deiner Empfindungen ... ja also wie?

HICKETIER. Liebes Kind.

THEKLA. Lasst mich jetzt! *Exit.*

HICKETIER. Dieser Blitz aus heiterem Himmel.

WOLKE. Hat sie in den Wurzeln erschüttert. Unsere Aufgabe muss sein – ja also wie? Er war, nehmt alles nur in allem, ein Mann.

KREY. Wir wollen uns mit Geschwätz nicht aufhalten. Bring den Brief, Hicketier.

HICKETIER. Ich hole ihn.

JENNY. Habt ihr an Schippel geschrieben?

HICKETIER *zu Jenny.* Bleib um Thekla. Sie macht trübe Stunden durch.

JENNY. Und kommt als tüchtiger Mensch schon drüber hin.

Jenny und Hicketier exeunt.

WOLKE. Der Frauen rätselhafter Leichtsinn. Noch ist der Tote nicht kalt, die Braut kommt drüber hin. Macht vielleicht schon anderen Augen.

KREY. Endlich dein sündhaftes Maul!

WOLKE. Als wüsste ich nicht Bescheid.

KREY. Was soll das sein?

WOLKE. Du hast mir also nichts anzuvertrauen?

KREY. Hüte dich!

WOLKE. Ich denke mein Teil.

HICKETIER *kommt zurück.* Die Schreibmaschine ersparte mir, mich handschriftlich vor dem Hungerleider zu produzieren. Ein Gummistempel setzte zum Schluss meinen Namen hin ohne »ergebenst« oder »achtungsvoll«.

KREY. Das ist unter Umständen ein Fehler. Lies.

HICKETIER *liest.* Die Herren Hicketier, Krey und Wolke – –ich habe die Namen alphabetisch geordnet – wären bei Eignung geneigt, Ihnen den Tenorpart in ihrem Gesangsquartett probeweise anzuvertrauen. Sie werden aufgefordert, sich Montag den dreizehnten – das wäre heute – gegen drei Uhr nachmittags zu dem Unterzeichneten zu verfügen. Hicketier.

WOLKE. Bravo. Bündig.

KREY. So schnauzt man einen Hund ab. Ton eines behördlichen Mahnzettels.

WOLKE. Ist sozusagen dieser Schippel viel mehr als ein Hund?

KREY. Hat er nicht Brei in Knochen, steht er Kopf.

HICKETIER. Ich kochte beim Schreiben vor Wut über die Demütigung, mich überhaupt meinerseits zuerst – es war das blutigste Opfer meines Lebens.

KREY. Man hätte mich zu Rat ziehen müssen. Wozu kenne ich als schreibender Beamter den Briefstil aus dem Tz. Es gibt höfliche Redensarten, auch wenn man vor Wut birst. Auf solchen Wisch springt uns der Mann ab, und wir sitzen im Dreck.

WOLKE. Alsdann hat Hicketier trotzdem seine Schuldigkeit getan.

KREY. Genügt das? Auf den Erfolg kommt es hier an.

WOLKE. Sollte er schreiben: Wir geben uns die Ehre, hochachtungsvoll zu einem Ziehkind?

HICKETIER. Dass er's durch die Stadt brüllt, wie wir Männchen machen?

KREY. Makulatur. Sagt er ab, können wir nicht singen. Der Kranz ist hin.

WOLKE. Wahrhaftig – ja also wie?

HICKETIER *sich den Schweiß trocknend.* In welch fürchterlicher Situation sind wir eigentlich!

WOLKE. Ich kenne mich nicht mehr aus.

KREY. Sintemalen es von diesem Burschen nach dem Urteil Berufener feststeht, seine Stimme übertrifft die Naumanns. Mit ihm boten wir den Anstrengungen der Quartette in allen Städten des Fürstentums ein Paroli.

WOLKE. Und du meinst?

KREY. Ich kann mir nicht denken, ein unabhängiger Mensch kommt so brüsker Aufforderung nach.

WOLKE. O Gott, o Gott, o Gott!

HICKETIER. Ein armseliger Flötenbläser unabhängig? Bei unserem Einfluss in allen maßgebenden Stellen könnte es ihn die Existenz kosten.

Die drei sitzen voneinander entfernt in drei Ecken des Zimmers und schauen sich hilflos an.

HICKETIER *kleinlaut.* Wolke?

WOLKE. O Gott, o Gott, Krey, was sagst du?

KREY. Herverfügen! Ha!

HICKETIER. Hätte einer von euch geschrieben. Ein Hicketier aber, die wir Goldschmiede seit dem Dreißigjährigen Krieg im Land sitzen.

WOLKE. Wolkes sind auch nicht die ersten Besten.

KREY. Sollte ich als höherer Beamter mich prostituieren? Wärst du zu mir gekommen; ich verfüge über ein ganzes Arsenal nichtssagender Floskeln.

HICKETIER. Was muss geschehen?

KREY. Fest steht: Wir können auf die Teilnahme am Wettsingen nicht verzichten.

HICKETIER. Als Männer aufgeben, was uns als Knaben bewegte.

WOLKE. Irrsinn!

HICKETIER. Was ich von Vorfahren übernahm. Was heilig zu halten wir dem Verstorbenen in seinen letzten Augenblicken gelobten.

KREY. Also sind wir, da die Mitglieder eines Quartetts ortsgeboren und ortsansässig sein müssen, kein anderer Tenor zu finden ist, ...

HICKETIER. Sind wir diesem Schippel auf Gnade und Ungnade ausgeliefert.

WOLKE. Und bei solchem Tatbestand schreibst du den Brief, Hicketier! Ich schwitze Blut und Wasser.

HICKETIER *verzweifelt.* Während in mir Unterstes zu oberst sich kehrte, habe ich meiner Natur das Menschenmögliche abgerungen.

KREY. Damit war uns nicht hinreichend gedient.

WOLKE. Gott helfe uns aus der Bredouille, Amen.

KREY *der zum Fenster hinaussah, plötzlich.* Schippel!

HICKETIER und WOLKE *gleichzeitig.* Ha!

HICKETIER. Um drei Uhr bestellt; es ist noch nicht eins. Was sagt ihr?

KREY. Das kann Übles bedeuten.

WOLKE. Ja also wie? Mir zittern die Knie, Krey, du hast mich völlig verwirrt.

KREY. Jammerlappen! Stillgestanden!

HICKETIER. Wer spricht?

KREY. Du bist Hausherr und Aufforderer.

WOLKE. Aber Vorsicht. Nachsicht mit ihm.

KREY. Bedeutsam, aber unbeugsam.

WOLKE. Nur sacht!

Dritter Auftritt

Paul Schippel, mager, Rotkopf, etwa dreißigjährig, tritt auf.

SCHIPPEL. Schippel … Paul.

HICKETIER. Schon gut.

SCHIPPEL. Sie sind Hicketier?

HICKETIER *aufbrausend.* Herr, Herr! Muss ich schon bitten.

WOLKE. Pst!

SCHIPPEL. Verzeihung.

WOLKE. Buchdruckereibesitzer und Stadtverordneter Wolke. *Verbeugung.*

KREY. Krey.

HICKETIER. Sie sind ...

SCHIPPEL. Blase die Klarinette. Ein schwarzes Querholz mit Nickelklappen, um einen Begriff zu geben.

WOLKE *macht die Bewegung des Blasens.* Weiß schon.

SCHIPPEL *lacht.* Ausgezeichnet nachgeahmt. Arm bin ich, meine Herren. Aus der Hefe des Volks, wie man in Ihren Kreisen sagt.

Der Rock, den ich trage, ist meine ganze Garderobe. Die Flöte spiele ich schlecht.

WOLKE. Schlecht und recht.

SCHIPPEL. Sonst säße ich in einem guten Orchester, nicht hier zur Biermusik. Ich blase mehr aus Verzweiflung, eigentlich auf dem letzten Loch. *Er lacht ungestüm.*

HICKETIER. Ich hätte Sie nicht überschätzt.

SCHIPPEL. Jedenfalls als Bläser noch zu hoch geschätzt. Denn hier, meine verehrten Herren, das letzte Wort zur Sache: Ich blase fürchterlich; Misstöne zum Bier.

WOLKE *lacht stürmisch.* Sehr gut!

SCHIPPEL. Wollen Sie noch wissen, wie viel ich verdiene? Rund zwanzig Mark die Woche. Je zweimal Fleisch, sonst meist Heu, würde man beim Pferd sagen.

WOLKE. Gut!

SCHIPPEL. Schlafe in einer Dachkammer, kämme mich mit ausgezähntem Kamm, meiner Zahnbürste fehlen die Borsten. Da mein ganzes Alibi.

HICKETIER. Ekelhafte Einzelheiten. Ihre Herkunft ist bekannt.

SCHIPPEL. Sie setzen mich in Erstaunen, Herr Hicketier.

HICKETIER. Uneheliches Kind.

SCHIPPEL *lacht.*

WOLKE *lacht.*

SCHIPPEL. Wie leichthin Sie das aussprechen. Ich hätte es in dieser Umgebung nicht über die Lippen gebracht. Sie als sicherer Mann brachen das Eis. Also nehme ich auch kein Blatt mehr vor den Mund: Meine Herkunft ist nicht bekannt.

KREY. Ein Malhörchen.

HICKETIER. Lassen wir es ruhen.

WOLKE. Im Dunkel.

SCHIPPEL. Es gehört zur Sache, Verzeihung, meine Herren, soweit meine Wenigkeit dazugehört. Wir wollen es gleich klarmachen: Ein Bankert bin ich, meine Herren. Das ist eine Einrichtung, mit der Sie wahrscheinlich das erste Mal zu tun haben.

KREY. Schließlich eine öffentliche und schon weitverbreitete Institution.

WOLKE. Als Waisenrat kenne ich Sie hinreichend.

SCHIPPEL. Man könnte fast sagen, eine erprobte, insofern ...

HICKETIER. Ihre Phrasen beiseite, wollen Sie mit uns singen?

SCHIPPEL. Lassen Sie mich gütigst aussprechen. Ich gebe ein für alle Mal den Inbegriff meiner Wenigkeit.

KREY. Sein Alibi.

SCHIPPEL. Fiel Ihnen nicht auf, ich trage den Kopf zur Erde gesenkt?

HICKETIER. So viel Beachtung schenkte ich Ihnen nicht.

SCHIPPEL. Das kommt so: Ich bin unfrei in mir, an und für sich schon. Tritt dieser Räume die Pracht hinzu. Was ich hier vorerst sage, stoße ich halb im Fieber heraus. Bitte also um Verzeihung, werde mich gleich sammeln. Als Kind ging ich zu andern Kindern auf die Straße. Beiläufig selbstverständlich. Man trat mich. Ein Mädchen spuckte mir ins Gesicht. Seitdem hielt ich den Kopf gesenkt, lernte die Erde besser auswendig als den Himmel.

WOLKE. Heutzutag kommt das nicht mehr vor. Die mir anvertrauten Kostkinder genießen alles in allem – ja also wie?

SCHIPPEL. Sehr liebenswürdig. Kurz, ich lag seit ewig in einem Winkel, dahin Sonne nicht scheint. Kommt Ihr Brief. Begreifen Sie meine plötzlich veränderte Lage. Missachtet, übersehen bis dahin, hungrig und durstig nach allem, was man sieht ...

HICKETIER. Ist Ihnen dieser Ruf Erlösung aus proletarischer Not.

SCHIPPEL. Sie treffen den Nagel auf den Kopf. Wollen gütigst die Erschütterung verstehen, in der ich mich vor Ihnen befinde. Eine förmliche Umwandlung von Sekunde zu Sekunde, Wiedergeburt gewissermaßen geht vor sich.

HICKETIER. Das ist alles schön, höchstpersönlich ...

SCHIPPEL *ist im Zimmer umhergegangen, steht vor einem Bild.* Ein himmlisches Bild! Ölmalerei, wie ich unterscheide.

HICKETIER. Sie singen heut noch Probe, und wir beschließen.

Schippel stößt singend ein leuchtendes A heraus, das er lange hält.

KREY. Oho!

HICKETIER. Der Ton lässt vermuten.

WOLKE. Bravo!

SCHIPPEL. Jawohl, meine lieben Herren, jawohl, herrlich soll das werden! Eine Mutter hatte ich übrigens, eine kreuzbrave Frau.

Er hält Hicketier beim Rockknopf.

HICKETIER. Lassen Sie meinen Rock los!
SCHIPPEL *in Verwirrung.* Nichts für ungut.

Hält ihm seine Hand hin. Hicketier übersieht sie.

SCHIPPEL. Die Hand darauf, die Hand, Herr Hicketier!
HICKETIER. Unsere rein geschäftlichen Abmachungen ...
SCHIPPEL. Eine Hand, nur die Hand, sage ich.
HICKETIER. Unsere rein geschäftlichen ...
SCHIPPEL. Warum nicht die Hand?
WOLKE. Hicketier!
SCHIPPEL. Ich fordere doch einfach – was wie? Fordere doch wohl
    aber natürlich Händedruck, Willkomm jederzeit. Hier, überall Ihren
    Arm, Ansprache, Äußerung auf der Straße, in Wirtschaften,
    Wohnstuben. Was?
KREY. Ihre Aufnahme ins Quartett involviert keine weiteren Beziehun-
    gen.
SCHIPPEL. Involviert? Was heißt das? Wenn meine Stimme mit Ihren
    singt – Handschlag nicht einmal?

Er schüttelt Krey stürmisch beide Hände.

HICKETIER. Sind Sie rasend, Mann?
WOLKE. O Gott, o Gott!
KREY. Da hört sich alles auf!
HICKETIER. Schluss, Freundchen. Sie haben eine Rakete im Hirn.
    Säubern Sie Ihren Denkkasten, und fassen Sie zu allem Anfang die
    nackte Tatsache: Ein Hungerleider, sehen Sie in uns für das knappe
    Futter sozusagen Ihre Brotherrn, die wir Macht haben, Ihnen auch
    das noch zu nehmen. Wollen aber, wenn uns Ihre Stimme passt,
    etwas für bessere Menage, einen andern Bratenrock, auch sonst
    noch einen Knopf ins Portemonnaie tun. Das ist alles, und im Üb-
    rigen: Hand von der Butten.
KREY. Basta!

SCHIPPEL *entsetzt.* So? Ach so! *Er schlägt in Erregung die Faust auf den Tisch.*

HICKETIER und KREY. Herr!

WOLKE. Ja also wie?

SCHIPPEL *exit.* Mahlzeit die Versammlung!

KREY *konsterniert.* Was war das?

WOLKE. Der Mann will nicht, das Spiel ist aus.

HICKETIER. Wir sind so weit wie vorher.

WOLKE. Zieht die Bilanz: Wir sind zu Ende. Er stellte gewissermaßen seine Bedingungen; äußerst vorsichtig, weiblich zart muss ich sagen. Hicketier aber fährt ihm mit einer Rage in die Parade, die den Handel ein für alle Mal erledigt.

HICKETIER. Dieser Mensch schien entschlossen, eiserne Barrieren einzureißen.

KREY. Bei dem nötigen Distanzgefühl hätte man gewiss Konzessionen gemacht.

WOLKE. Aber seine Rede blieb eine Häufung von gütigst und erlauben Sie.

HICKETIER. Hindurch klang Forderung nach persönlichem Umgang, plumper Vertraulichkeit. *Außer sich:* Soll mir der Kerl erst vor aller Welt die Schultern klatschen? Hast du kein Schamgefühl? Geben wir diesem Vieh einen Finger, wie Efeu wuchert es an uns hoch. Teufel, der Armeleutegestank! Mach die Fenster auf.

WOLKE. Und das A, mein Lieber? Dämmerte dir bei diesem Ton nicht, die Gesangsangelegenheit war sozusagen erledigt, wir quasi Sieger?

KREY. Das freilich stand unbedingt fest. Naumann war's nicht annähernd imstande.

HICKETIER. Und ob mein halbes Herz daranhängt – ich brächte es nicht über mich. So wenig wie ich eines Edelmanns Umgang wollte, wie mir dessen Vertraulichkeit unverständlich, Gräuel wäre. Meine Gebiete will ich abgezirkt, nach oben und unten. Wir begruben Naumann. Mir ist, es gilt an diesem Tag noch größerem Schmerz ins Auge zu sehen: unseren liebsten, unablässigen Traum zu bestatten.

WOLKE. Gibt es denn keinen Ausweg ohne Schippel?

KREY. Wir stellten fest: keinen. Zwei Wochen kaum bis zum Fest, und kein Tenor am Ort außer ihm.

HICKETIER. Denn dieser Mensch, uns einmal näher bekannt, hätte die Stirn, auch noch die Frauen freundschaftlich zu grüßen. Wie sollte man dem Mädchen, die pure Existenz eines solchen Zwitters – guter Gott! – Thekla plausibel machen?

WOLKE. Und doch bricht's dir das Herz.

HICKETIER. Keine Leichenrede. Zwei an einem Tag sind zu viel. Dann eben Schicksal. Das Leben hat kein Geländer. *Exit.*

WOLKE. Thekla! Da hast du's! Er selbst ließe sich schließlich zum Umgang herbei. Aber Thekla, das schutzlose Mädchen, die sozusagen hochherrschaftliche Hicketier!

KREY. Was soll das?

WOLKE. Willst du leugnen: Der Umstand, dass sie durch Naumanns Tod gegen jenes Individuum nicht mehr gedeckt ist, gab den negativen Ausschlag?

KREY. Und?

WOLKE. Ich wiederhole, wir sind allein; du darfst dich geben.

KREY. Fisematenten.

WOLKE. Man muss männliche Scham nicht zum Exzess verdichten.

KREY. Allmächtiger!

WOLKE. Du liebst Thekla. Und wüsste Hicketier sie an deiner Seite in Obhut ...

KREY. Hier geht ein Verbrechen vor sich. Weil ich an Maulfertigkeit dir nicht gewachsen bin, muss ich diese stinkende Komödie dulden. Du, nicht ich, liebst das Weib.

WOLKE. Es liebt sie – du.

KREY. Qual ist sie mir, ihr Auftritt jedes Mal Ekel. Anblick, Anhauch Widerwillen.

WOLKE. Ich kenne deinen Kern.

KREY. Gomorra und Sodom! Ich lebe so gemütlich – und du ...

WOLKE. Liebst sie! Halte an um sie! Der Augenblick ist historisch.

KREY. Liebst sie! Ich weiß es seit Jahr und Tag.

WOLKE. Liebst sie! Und bliesest du mit himmlischen Posaunen deine Lüge mir zu, ich weiß, du liebst sie, und ich ermahne dich: Rette die heikle Situation, indem du dich deiner Glückseligkeit hingibst.

KREY *enteilt.* Ich hänge mich auf!

WOLKE *ihm nach.* Farusches Temperament, verbohrter Stolz. Aber ich lasse dich nicht.

Man hört draußen verworrenen Lärm. Alsbald öffnet Krey die Tür und tritt mit tiefer Verbeugung in den Eingang.

Vierter Auftritt

Tritt auf der Fürst, zwanzigjährig, in Uniform. Nach ihm kommen Krey und Wolke ins Zimmer.

DER FÜRST. In wessen Haus falle ich? Soweit ich sah ...

KREY *mit erneuter Verbeugung.* Hicketiers, Durchlaucht.

DER FÜRST. Schafft einen Streifen Leinwand, eine Schale Wasser. Ins Schloss Nachricht hinaufgeben, der Arzt soll mich erwarten.

Er lässt sich in einen Lehnstuhl nieder, öffnet den zerfetzten Ärmel seines Waffenrocks. Sieht dann plötzlich starr auf Wolke. Krey ist hinausgegangen.

WOLKE *scheu gegen die Wand gepresst mit tiefer Verbeugung:* Wolke.

DER FÜRST. Wieso? – Verdammter Schinder! Auf das Zischen der Maschine pest er los, nicht mehr zu halten, wie Blitz in die Chaussee. Ich steuere ihn hart an die Wand dieses langen Hauses, scheure, bremse gewissermaßen. Greift so ein beherzter Knecht zu. Das Luder steht.

WOLKE *strahlend.* Ausgezeichnet!

DER FÜRST. Aas! Kommt noch fester in die Kandare.

Fünfter Auftritt

Hicketier und Krey treten mit Verbeugung auf.

HICKETIER. Welcher Unfall ... Die Gnade, Durchlaucht.

DER FÜRST. Wasser, Leinwand ... Ein Weib am besten.

HICKETIER. Meine Frau flog davon.

WOLKE *mit tiefer Verbeugung.* Wolke!

DER FÜRST. Hörte schon. Was hat es für eine Bewandtnis? Nun, Herr Hicketier?

HICKETIER. Zu dienen?

DER FÜRST. Schinder. Blutige Schramme. Der Tag fing übel an. Lief ein altes Weib über den Weg, regnete langsam Tropfen, graue Wolke. *Er lächelt zu Wolke:* Jetzt verstehe ich – Melancholie ... *Er sinkt hinüber.*

KREY *springt zu.* Durchlaucht! Eine Ohnmacht.

*Hicketier und Wolke rasen ziellos durchs Zimmer, dann gegen
die Tür, aus der*

Sechster Auftritt

*Jenny und Thekla treten. Jenny trägt eine Schale mit Wasser,
Thekla Verbandzeug. Thekla kniet vor dem Fürsten, nimmt
dessen herabhängenden Arm, beginnt ihn zu säubern und zu
verbinden, während Jenny vorher bemüht war, den
Ohnmächtigen zum Bewusstsein zurückzubringen.*

DER FÜRST. Kandare. Was ist? Himmlische Erscheinung? *Thekla vollendet geschickt ihr Werk.* Güte selbst. Schöne Gnade. Ich danke. Charming. *Die Frauen verlassen das Zimmer.*

HICKETIER. Sie hat, Durchlaucht, die Krankenpflege erlernt.

DER FÜRST. Charité, sage ich Ihnen. Nie gesehen. Vokabel bis dato. Ein Meisterstück der Verband. Charming. Es riss an den Nerven.

Ein Schinder. *Er erhebt sich, greift zur Mütze.* Pardon, hatte ich nicht eine Peitsche? *Zu Wolke: Warum sagten Sie Wolke?*

KREY. Sein Name, Durchlaucht. Buchdruckereibesitzer.

DER FÜRST. Ah – unser Wolke! Das blaue Schild am Markt: Drucksachen aller Art schnellstens.

WOLKE. Billigst.

DER FÜRST. Erfreut. Wohin gingen die Damen?

HICKETIER. Meine Frau, meine Schwester Thekla.

DER FÜRST. Thek … Mein lieber Herr Hicketier, sind uns ja nicht unbekannt. Früher oft ...

HICKETIER. Durchlaucht, als Knabe mit dem hochseligen Fürsten ...

DER FÜRST. Komme wieder. Das also ist Herr Wolke. Keine schlechten Schriften? Nichts Sozialistisches, Anarchisches?

WOLKE. Ausgeschlossen, Durchlaucht.

KREY. Akzessist Krey.

DER FÜRST. Bravo! Der Bürgerstand, meine Herren, der Beamtenstand – hm. Meine Helferin? Warum nimmt man mir die Möglichkeit zu danken?

HICKETIER. Sofort. *Exit.*

DER FÜRST *erblickt den Kranz.* Goldener Kranz. Etwa?

KREY. Zweimal von unserm Quartett ersungen.

DER FÜRST. Meines Vaters berühmter Liederkranz. Des Landes Meistersinger sozusagen. Fallen mir meine Sünden ein: in vierzehn Tagen – ich weiß – und das Preislied immer noch nicht bestimmt. *Zu sich:* So amüsante Sachen in nächster Nähe und man wiegt sich in schwarzer Langeweile. *Laut:* Der Männergesang, eine wichtige, dem Volk am Herzen liegende Sache, kann von uns allen nicht scharf genug ins Auge gefasst, muss dem Ansturm idealloser Zeit kräftig entgegengesetzt werden. Das deutsche Lied, meine Herren! Wir werden diesbetreff außerordentliche Entschließungen treffen, die Wichtigkeit des vor der Tür stehenden Fests durch unser fürstliches Ansehn erhöhen. *Zu sich:* Himmel, was fällt mir bei! *Laut:* Zweimal von Ihnen ersungen. Ich hoffe sehr zuversichtlich, der Kranz entgeht Ihnen wieder nicht; der Sieg muss gerade diesmal Ihnen gehören.

Wolke und Krey verbeugen sich.

Siebenter Auftritt

Hicketier kommt mit Jenny und Thekla.

DER FÜRST. Über das Preislied wissen die Herren meine Meinung, lieber Hicketier. *Verbeugung vor Jenny und Handkuss:* Gnädigste Frau! *Verbeugung vor Thekla:* Charité. Walte ein Himmel über Ihnen! *Ganz leise zu ihr:* Thekla! *Salutierend ab.*

Alle stehen tief verbeugt. Thekla sinkt in den Sessel, in dem der Fürst saß. Da derselbe abgewendet steht, bleibt sie fernerhin den auf der Szene Stehenden unsichtbar.

WOLKE. Mir krachen die Schenkel.

HICKETIER. Dort stand er.

KREY *zu Hicketier.* Dein Dach über des Fürsten Haupt.

JENNY. Hoffentlich heilt die Wunde bald.

KREY. Und wie schlicht, wie volkstümlich er sich vernehmen ließ.

WOLKE. Wie leutselig: Unser Wolke. Sein Wolke gewissermaßen.

HICKETIER. Aus höherer, anderer Welt.

WOLKE. Sie müssen im Wettgesang siegen, meine Herren. Charming.

HICKETIER. Sagte er?

KREY. Wollte, befal er ohne Widerrede. Das Auge durchbohrend.

WOLKE. Durchbohrend leutselig. Das deutsche Lied der Anarchie entgegen. Charming. Niemand außer Ihnen darf den Kranz gewinnen.

JENNY *zu Hicketier.* Komm nun auch gleich zu Tisch. *Exit.*

KREY. Was geschieht nach diesem unwiderstehlichen Befehl?

HICKETIER. Es ist an einem von euch.

WOLKE *zu Hicketier.* Ohne Federlesen gestanden: Du bist unter uns die Potenz. Nur du findest Mittel und Weg, Schippel aufs Neue zu ködern, ohne uns in etwa zu demütigen.

KREY. Da es, unsern persönlichen Wünschen weit entrückt, vor dem Fürsten jetzt Ehre oder Unehre gilt.

HICKETIER. Aber ...

WOLKE. Der Fürst! Ach Hicketier, und wäre er nicht hinzugekommen – Auge in Auge mir – du hättest doch nicht geruht, nicht verzichtet, Wunsch und Willen durchzusetzen.

KREY. Du kannst nicht leben, du zwängest diesen Schippel denn.

WOLKE. Und hast das Lapidare.

HICKETIER *nach einer Pause.* Wohlan denn! Wieder sind die Leidenschaften zu sehr aufgewühlt. Also reiße ich die Angelegenheit von Neuem an mich, hinein in Ehre und Gewissen.

WOLKE *leise zu ihm.* Und auch für Thekla weiß ich guten Rat.

HICKETIER *lacht.* Davon ist mein Hirn, Himmel und Erde überangefüllt.

WOLKE. Geben wir uns die Hand. In Anbetracht der Wichtigkeit der Sache: Wir schwören.

HICKETIER, KREY und WOLKE *vorn an der Rampe, die Hände ineinandergelegt, gleichzeitig:* Schwören!

KREY. Das war ein Strauß! Ich bin ordentlich erleichtert.

WOLKE. Ein ereignisvoller Morgen. Doch schmeckt nach Kampf und Not das Mittagsbrot. Massiv ist Hicketier, he?

HICKETIER. Das muss ich gegen ein Scheusal erst beweisen. Und jetzt zu Tisch, Herren. *Exit.*

KREY. Privatim sprechen wir uns noch.

WOLKE. Ja also wie?

KREY. Sinnfälscher, Rosstäuscher!

WOLKE. Meine Ware ist propre.

Exeunt.
Thekla springt vom Stuhl ans Fenster, das sie aufreißt. Sie
lehnt hinaus. Plötzlich hebt sie die Hand und winkt mit einem
Tuch hinaus.

Der zweite Aufzug

Der gleiche Raum.

Erster Auftritt

THEKLA *allein. Es klopft ans Fenster. Sie huscht hin, öffnet halb. Man sieht einen Arm, der einen Brief hereinreicht. Sie nimmt ihn, schließt das Fenster. Sieht in das Schreiben:* Heute Abend gegen zehn will er ... o Gott!

WOLKE, *der aufgetreten ist im Augenblick, da Thekla den Brief hereinnahm.* Ich möchte, ob der Bruder zurück ist, fragen; nicht neugierig sein.

THEKLA. Um jede Geheimnistuerei Ihrerseits abzuschneiden – Hier! *Sie reicht ihm den Brief.*

WOLKE *nimmt ihn nicht.* Aber um Himmels willen, Thekla! Wohlgetan. Alles im Sinn göttlicher Weltordnung. Ein Geburtstagswunsch durchs Fenster geweht, dem ich den meinen anfüge. Zudem war ich ohnehin unterrichtet. Menschenkenntnis hat mir das Geheimnis einige Tage vor seiner Evidenz verraten. Ins Gesicht habe ich dem Verliebten seine Neigung gestanden.

THEKLA. Sie – wem?

WOLKE. Ich merke, was Sie im Ton haben. Gestatten Sie mir denn auch sofort eine freie Erklärung. Sie wissen von Kindheit an, wie Sie auch mir nie gleichgültig waren. Und keine Rede davon, diese herzliche Zuneigung könne sich im diesseitigen Leben je verringern. Aber da merke ich an Krey ...

THEKLA. Krey?

WOLKE. In Ihrer Anwesenheit die gewisse Apparenz völliger Abwesenheit, das ganz bestimmte Weißnichtwas, ja also wie?

THEKLA. Sie behaupten, Krey – und da – Sie selbst?

WOLKE. Hier setzt Tragik ein. Vor meinem aufrichtigsten Gewissen erkannte ich Krey mir in allen Eigenschaften so unbedingt überlegen, dass ich zurücktrat. Sie möchten nun argwöhnen, ich leiste für Krey bestellte Arbeit; aber so beeide ich, mich treibt mein eigenes Herz, seine vollendete Männlichkeit, Würde, Bedeutung, lautersten Charakter, Treue, Ehrgeiz, seinen eisernen Willen, aber auch wieder edle Zurückhaltung am passenden Ort, Nüchternheit nicht nur in puncto puncti ...

THEKLA. Ich fand ihn immer angenehm. Aber sie sagen nüchtern. So ist er fantasielos?

WOLKE. Krey ohne Fantasie? O du guter Gott, was hat dieser Mann für ausschweifende Vorstellungen! Eine stumme Großartigkeit innerer Vorgänge prägt sich doch beständig an ihm aus. Nicht nüchtern, aber schüchtern in solchem Grad, dass ich fürchte, man wird ihn zum Geständnis seiner Leidenschaft beinahe zwingen müssen. Und so möchte auch ich Sie, Thekla bitten ...

THEKLA. Ihn zu ermutigen? *Für sich:* Könnte mir der Spaß in meinen Dingen dienen? *Laut:* Was Sie von einem Mädchen verlangen ...

WOLKE. Freundschaft treibt mich. Denn was der Verzicht mich kostet? – Ein Satz spricht es wohl aus, dennoch fasst das Herz es schwer. *Er hat ihre Hand ergriffen und küsst sie.*

THEKLA. Ich will mich nach Ihren Aufschlüssen zu halten suchen. *Still für sich lachend, geht sie.*

WOLKE. Das heißt ein Sitzer. Wenn seine närrische Natur die Wahrheit immer emsiger einspinnt, müssen ihm von außen her die Zähne mit Gewalt geöffnet werden.

Zweiter Auftritt

Jenny tritt auf.

WOLKE. Er ist von Schippel nicht zurück?

JENNY. Die Nacht war ein unaufhörliches Ächzen und Stöhnen. Er rang mit dem Gespenst im Traum.

WOLKE. Im Schmerz besser dynamisches Umsichschlagen, als dass man seine Erregung stumm in sich hineinbeißt wie Krey.

JENNY. Leidet er auch um die Geschichte?

WOLKE. Darum und um ein anderes mehr. Grade flog von ihm ein Brief Thekla durchs Fenster zu.

JENNY. Heimlicher Briefwechsel. Du bist närrisch!

WOLKE. Du kennst mich, Jenny, als gemäßigte Natur. Ich hielt das Schreiben in Händen: Er liebt sie.

JENNY. Unmöglich.

WOLKE. Schwarz auf weiß. Und zwar in einer Ehrerbietung, Lauterkeit ...

JENNY. Tilmann wird nicht erbaut sein. Wie ungern gab er sie Naumann, der ihm innerlich viel näher stand als Krey.

WOLKE. Aber dessen blendende Vorzüge! Die vehemente Kraft seiner Leidenschaft. Ich bitte dich bei unserer Freundschaft ...

JENNY. Lass erst die Affäre mit Schippel in Ordnung sein. Und Thekla vor allen Dingen?

WOLKE. Sie gestand nicht gerade, aber ich wäre ein schlechter Menschenkenner, spürte ich nicht, wie in ihrer schönen Hülle der Liebesvogel flügge ist.

JENNY. Dann freilich verspräche ich jeden Beistand. Von einem Mann nachts am Zaun sprach sie, der zu ihr hinaufsah.

WOLKE. War Krey! Probatum est.

Dritter Auftritt

HICKETIER *tritt auf.* Viktoria! Ich biege in die Windischgasse, steht Schippel vor mir und zieht unbefangen den Hut. Da kann ich mit ein paar Worten den Handel soweit einrenken, dass eine Besprechung folgt. Er kommt.

JENNY. Gott sei Dank!

HICKETIER. Ich hätte ihn mitgebracht, denn jetzt hat jede Stunde Gewicht.

WOLKE. Heute noch muss er Probe singen.

HICKETIER. Er gibt erst irgendwohin Bescheid, folgt mir gleich. Innerlich aber haben ihn indes unsere Angelegenheiten beschäftigt, den Erlass des Fürsten im Morgenblatt wegen des Festes wusste er auswendig. *Zu Jenny:* Öffne du ihm; es soll ihn nicht fortwährend jeder hier sehen.

Jenny exit.

WOLKE. Und was ich Theklas wegen sagte, bleibt bestehen.

HICKETIER. Ich würdige deine Besorgnis und errate, was du vorhast; aber schiebe es auf bis nach Beendigung dieser Kalamität, die uns in Atem hält. Übrigens deutete auch Krey äußerst zart an.

WOLKE. Nicht möglich!

HICKETIER. Also verwirre mich nicht. Ich muss zu handeln, die Welt rund sehen.

WOLKE. Und gibst uns den Effekt der Unterredung mit Schippel gleich zu wissen. Wir brennen.

HICKETIER. Sofort. Sahst du das Geburtstagskind?

WOLKE. In einer Wolke von Schmerz um das Verlorene, schien doch der erste Strahl neuer Hoffnung zu wetterleuchten.

HICKETIER. Wie poetisch.

WOLKE *gibt ihm die Hand, exit.*

HICKETIER. Er liebt Thekla. *Entnimmt seinem Schreibtisch eine goldene Spange, die er gegen den Kranz vergleichend ans Licht hält.* Dem Modell völlig gleich geworden. Verlöre ich jetzt den Kranz, ist mir sein Ebenbild bei Thekla ewig unverlierbar. Was sie zu meinem Kunststück sagen wird?

Vierter Auftritt

Thekla tritt auf.

HICKETIER. Gerade wollte ich dich rufen. Tritt her.

THEKLA. Was ist das?

HICKETIER. Von meinen Händen gefertigt. Rate, für wen?

THEKLA. Für wen sonst? Ich danke dir. *Sie sitzt auf seinem Schoß.*

HICKETIER. Da, was das Kind Thekla an mich band, vom Gang der Zeit gelockert wird – fühlst du den Sinn des Geschenks?

THEKLA *ihre Arme um seinen Hals.* Ich hänge wie je an dir.

HICKETIER. Und sich geschwisterliche Liebe, die Hicketier'sche Seele täglich mehr versteckt, soll der goldene Reif ein Gleichnis sein. Wo du allein bist, erinnert er dich ...

THEKLA. Das ist traurig und tut nicht not. Auch ohne ihn vergesse ich Herkunft und Kindheit nicht.

HICKETIER. Die Frauen unserer Familie kamen selten auf einen grünen Zweig. Willenskraft der Männer erschien in ihnen als Fantasterei. Je näher du mir stehst, je inniger du auch an der Seite eines Gatten mir verwandt bleibst, umso mehr tust du deiner Natur, deiner Notdurft genug.

THEKLA. Manches in mir bewegt sich nicht fort von dir, so sehr ich auch oft zu anderem hingerissen bin.

HICKETIER. Und du fühlst, es muss bleiben?

THEKLA. Nicht so ernste Worte an meinem Geburtstag.

HICKETIER. Lass mir den Willen. *Er nimmt ihren Arm.* Trag es vor anderen versteckt unter dem Zeug. *Streift ihr das Armband unter den Kleiderärmel.* Dein Elternhaus bleibt deine Zuflucht. Hier geht dein heimlichster Gedanke frei. Das ist mir in die Hand auf ewig versprochen! *Handschlag.* Und nun höre zu, Racker: Kaum bist du bräutlich verwitwet, scheint schon ein anderer nach dir begehrlich.

THEKLA. Ich weiß ...

HICKETIER. Wie du aussiehst, ist's natürlich, dass jeder dich will. Und hängt noch ein alter ehrlicher Name und ein Sack Geld an dem Mädchen. Hat der Verliebte Aussichten?

THEKLA *in höchster Verwirrung.* Ach Gott! *Und entläuft.*

HICKETIER. Schau schau! Lecker das Kind. *Exit nach der anderen Seite.*

Fünfter Auftritt

Jenny führt Schippel hinein und geht hinten links ab.

SCHIPPEL *steht mitten im Zimmer, sieht sich nach allen Seiten um.* Ich wittre mich. Wollust, nach der ich dreißig Jahre gehungert. Nicht länger streune ich in Winde, von einem Tag zum andern werde ich ein regelrechter Name, bei dem Leute sich etwas einbilden. Der dicke Hicketier dachte gestern bestimmt beim Einschlafen: Könnte ich den Schippel! *Er geht schleichend herum.* Plüschmöbel! Eure Herrschaft rechnet mit mir. Ich darf mich in euch auslümmeln. *Setzt sich breit in einen Fauteuil.* So ein Bilderalbum gemütlich ansehn. *Er beginnt, in einem Fotografiealbum zu blättern.* Kommt einer, stehe ich auf, sage ganz pomadig: Mahlzeit; ich bin hier recht, wurde gerufen, beinah mit Gewalt herangeschleppt. Brave Herrschaften zusammen, Verwandtschaft, honorig, würdig. Goldene Broschen und Ketten. Dicke Siegelringe. Guten Tag, Herr, gefreut, Ihre Bekanntschaft zu machen: Bin hier Kind im Haus, kann tun und lassen, was ich will. Aber Herr Schippel! Ein kleiner Rülpser, Pastorchen. Nach einem guten Essen bei Freunden erlaubt.

Sechster Auftritt

HICKETIER *tritt auf.* Zur Erklärung meines gestrigen Verhaltens –

SCHIPPEL. Bedarf es nicht. Hin ist hin. Heute gilt anderes.

HICKETIER. Umso besser. Unsere Besorgnis, Sie möchten trotz schönen Tonmaterials Ihrer Herkunft wegen die historische Größe des Preisliedes vielleicht nicht fassen ...

SCHIPPEL. Bitter für mich, was Sie sagen.

HICKETIER. Ich halte nicht hinter dem Berg.

SCHIPPEL. Nur keine Rücksichten, will man zu wirklicher Verständigung kommen. Aber vielleicht haben wir Glück, und das Lied singt nur so von Wanderlust oder der ganz gemeinen Wald- und Wiesenliebe, zu deren Ausdruck ich infolge meiner – wie Sie sagten – besonders befähigt bin.

HICKETIER. Wo lernten Sie Atemführung, Phrasierung?

SCHIPPEL. Von meiner Flöte. Wie die Löcher auf- und zuklappen, das macht meine Kehle nach.

HICKETIER. Probierten Sie vorm Spiegel?

SCHIPPEL. Kenne meinen Rachen aus dem Effeff. Der Zapfen funktioniert wie ein Glockenspiel.

HICKETIER. Wir wollen's also versuchen?

SCHIPPEL. Stelle mich völlig in den Dienst der Sache.

HICKETIER. Bravo. Noch ein Wort wegen der Umgangsformen.

SCHIPPEL. Bin schon versiert. Soll bremsen. Immer langsam voran.

HICKETIER. Sie sehen eine gewurzelte Natur in mir. Ich lebe von Erde. Alles muss sich bei mir erst herausbilden.

SCHIPPEL. Verstehe. Nicht wie ich, blitzschnell aus dem Nichts die Höhe geschossen, auf dünnem Stängel gewissermaßen wach .

der Kopf. Muss mir mein Tempo abgewöhnen. Verstehe. Darf nicht nachgeben, wenn's mir heraufkommt ...

HICKETIER. Langsam!

SCHIPPEL. Zuzupacken – vorwärtsgreifend etwa ... *Er streckt die Arme gegen Hicketier.*

HICKETIER. Was ist Ihnen?

SCHIPPEL *faszinierend.* Auf den Bauch zu klopfen, weiche nicht! *Er klopft ihm auf den Bauch.* Morgen; Tag, Hicketier mein Alter.

HICKETIER *fasziniert.* Erlauben Sie – was fällt Ihnen ...

SCHIPPEL *sich fassend.* Auf keinen Fall so ruppig, verstehe. Immer drei Schritt vom Leib.

HICKETIER *außer sich.* Anstand, Betragen! Oder –!

SCHIPPEL. Kurz. Ich singe. Schmetternd wie ein Engel. Bin entschlossen. Uns kann keiner ... Wann?

HICKETIER. Heute Abend um acht Uhr hier.

SCHIPPEL. Abgemacht. Schluss.

HICKETIER. Und immer unter der Voraussetzung, Sie betragen sich in Zukunft wirklich nach meinen geäußerten Wünschen, löse ich mein gestriges Versprechen, einen Knopf in Ihr Portemonnaie zu tun, ein. Hole zwanzig Mark aus der Ladenkasse. *Exit.*

SCHIPPEL. Atavismus Grauchen. War gestern noch ein Hase, der furchtsam in den Kohl duckte. Ist aber nun so kolossaler Auftrieb lebendig, dass mir Messer an den Zehen, Säbel aus den Zähnen wachsen. Wirst ein wenig wund im Umgang mit mir werden, muss dir deine gepflegte Stube verunreinigen, fürchte ich.

Siebenter Auftritt

Thekla kommt von rechts nach links und geht, ohne Schippel, der sich verneigt, zu beachten, in ihr Zimmer hinüber.

SCHIPPEL *ahmt, denselben Weg nehmend, ihren aufrechten Gang nach und macht dann in der Mitte der Szene halt. Weiße Wäsche weht vorbei.* Markiert Abgrund zwischen sich und mir. Wie riechst du, Täubchen? *Er geht schnuppernd Theklas Weg zu Ende.* Frisch!

Achter Auftritt

HICKETIER *kommt zurück.* Wer ging? *Gibt Schippel ein Goldstück.*

SCHIPPEL *nimmt es lachend.* Wenn Sie wüssten ...

HICKETIER. War es –?

SCHIPPEL. Ein Bachstelzchen. Hätten mich, einen Augenblick eher zurück, offiziell präsentieren müssen.

HICKETIER. Davon wird nie die Rede sein. Was meine Familie betrifft, lebe ich streng zurückgezogen.

SCHIPPEL. Selbstverständlich. Außer ...

HICKETIER. Was?

SCHIPPEL. Singen abends acht Uhr hier.

HICKETIER. Außer? Reden Sie.

SCHIPPEL. Lassen Sie mir die Worte im Schnabel. Verrücktes Zeug. Bin in Ihrem Salon immer wie mit Pulver geladen. *Er lacht laut.* Mit Pulver geladen ist gut, was? Aber ich weiß Bescheid; schnell fort, darf erst draußen losknallen. Auf abends. *Exit.*

HICKETIER *sich schüttelnd.* Außer? Wenn Sie wüssten? Was? – Thekla ging vorbei – mir läuft eine Gänsehaut über den Leib. *Er ruft ins Zimmer hinten links:* Jenny!

Neunter Auftritt

Jenny tritt auf.

HICKETIER. Zu viel Mannsleute streichen mir bis zum Singfest durchs Haus. Das Mädchen fährt noch heute nach Naumburg zur Tante.

JENNY. Krey steckte ihr heute einen Brief durchs Fenster.

HICKETIER. Krey? Mach ihren Koffer zurecht, schnell. Schick sie her. *Jenny exit.*

HICKETIER. Krey auch? Die steifsten Böcke schlagen nach ihr aus. Wolke **und** Krey? Einen Brief durchs Fenster? Und sie verschwieg's, als wir vorhin uns nah waren?

Zehnter Auftritt

Thekla aus ihrem Zimmer tritt auf.

HICKETIER. Gib mir Kreys Brief.

THEKLA *schweigt.*

HICKETIER. Den Brief rück heraus.

THEKLA. Er ist nicht von ihm, Tilmann.

HICKETIER. Also doch von Wolke. Gib ihn. *Vorwurfsvoll:* Warum hinter meinem Rücken?

THEKLA *schaut ihn ruhig an.* Er ist nicht von Wolke.

HICKETIER. Von Wolke – Krey nicht – großer Gott! *Sinkt in einen Stuhl, springt wieder auf und sagt:* Nein nein nein! Sag nein!

THEKLA. Wozu?

HICKETIER. Mädchen – ich bin närrisch. Raus das Wort – ich selbst war schuldig. Gab über den Kranz auf dich nicht acht. Von wem? Thekla!

Sie stehen dicht beieinander, sehen sich tief in die Augen.

HICKETIER *flüstert.* Schippel?

THEKLA. Du bist närrisch! *Und will gehen.*

HICKETIER *fasst sie, reißt sie zu sich heran und sagt:* Wer endlich?

THEKLA *Stirn bietend.* Meine Sache! *Entläuft, die Tür zuschlagend.*

HICKETIER. Wolf in der Hürde! Sie muss fort. Aber wer es auch ist, ich fasse ihn!

Der dritte Aufzug

*Hofgarten vor der Hinterfront des Hicketier'schen Hauses,
den rechts ein Zaun abschließt. Es ist Abend.*

Erster Auftritt

Thekla lehnt an einem Fenster des oberen Stockwerks.

DER FÜRST *in schwarzem Mantel erscheint von rechts. Unter ihrem
Fenster, dicht an die Mauer des Hauses gepresst.* Thekla!

THEKLA. Er ist's!

DER FÜRST. An Waldrändern im Dunkel entlang, Schritt vor Schritt.
Die Ruhe eines Oberhofmeisters steht auf dem Spiel. Das
Schlimmste waren fünf, sechs erleuchtete Häuser, an denen ich
vorüber musste. Meine Untertanen schlafen noch nicht. Ich muss
ein Gesetz darum erlassen.

THEKLA. Wir haben einen Landtag, hoher Herr.

DER FÜRST. Von Politik wissen junge Mädchen auch?

THEKLA. Sie sind heutzutage umfassend gebildet. Kennen Naturwis-
senschaft und lesen im Kursbuch. Aber Prinzen, die nachts ans
Fenster schleichen, gibt es nur noch im Märchen, ist ihnen gesagt.

DER FÜRST. Jedem, der mich ertappte, bin ich Harun al-Raschid,
sich Gewissheit über sein Volk verschaffend. Würde man mir's zu-
traun?

THEKLA. Die Leute haben melancholischen Begriff von Ihnen, mit
dem Nacht und schwarzer Mantel sich vertragen.

DER FÜRST. Glaubt Thekla mir düstere Natur?

THEKLA. Die stört in solcher Annahme das Einglas, das der Fürst
auch nachts trägt. Er sähe sonst nicht, antwortet er. Aber der auf-
richtig Düstere schaut nur in Abgründe seiner Brust.

DER FÜRST. Es steht mir, sagten Frauen.

THEKLA. Ich kenne Prinzen aus dem Volkslied, das blanke Schwert
an der Hüfte. Kommen Sie aber unter das Fenster junger Mädchen,

umklammern sie zudem den Dolch. Einen Dolch verlangt jedes Mädchens Hochachtung vor sich selbst.

DER FÜRST. So gleiche ich mehr jenem Eberhard dem Württemberger, der unbewaffnet sein Haupt jedem Untertan in Schoß legen durfte. Ahnt Thekla, was ich glühend wünsche in diesen Augenblicken?

THEKLA. Zu sein Eberhard der Württemberger?

DER FÜRST. Nichts anderes.

THEKLA. Weil Sie, ein halber Knabe noch, zu ernster Pflicht bestimmt wurden, liebt Sie das Volk.

DER FÜRST. Bravo. Bist du Volk, Thekla?

THEKLA. Bin's.

DER FÜRST. Untertanin?

THEKLA. Untertanin.

DER FÜRST. Herunter mit dir! Wie bei Shakespeare trete ich hier auf. Habe eine Neigung auf dich geworfen und donnere dir den Befehl zu.

THEKLA. Ach, Shakespeare ist hin. Wir sind drei Jahrhunderte weiter.

DER FÜRST. Also wie geschieht so etwas bei neueren Dichtern?

THEKLA. Wollen Sie überzeugen, gehört der Landtag dazu, weil der Fürst konstitutionell ist.

DER FÜRST. Ließe ich den Landtag kommen?

THEKLA. Aber die Sozialdemokraten?

DER FÜRST. Ein einziger. Wird niedergestimmt. Alles andere ist mir blind zu Willen.

THEKLA. Nur müssten die vereinigten Gesetzgeber erst den Bruder und seine Kumpane aus dem Haus schaffen, die mir den Weg sperren.

DER FÜRST. Warum sind sie noch auf?

THEKLA. In wichtigster Angelegenheit. Das Quartett konstituiert sich neu. Über vierzehn Tagen steht der Kranz des Fürsten auf dem Spiel. Ein Tenor springt nach des Bisherigen Tod ein.

DER FÜRST. In Sachen des Singens wird es sein, dass ich offizielle Verbindung zu deiner Familie in den nächsten Wochen unterhalten kann. Deinem Bruder gewährte ich für morgen früh Audienz. Still!

Man hat vorher hinter einem breiten, erleuchteten Fenster
des Erdgeschosses Schatten sich bewegen sehen. Jetzt erkennt
man Schippels Silhouette am Fenster. Schippels Stimme singt:

Horch, die Lerche singt im Hain.
Lausche, lausche, Liebchen still,
Lausche, lausche, Liebchen still.
Öffne sacht dein Fensterlein,
Höre, höre, was sie will,
Höre, höre, was sie will.

Im Zimmer Beifallsklatschen.

DER FÜRST. Vortrefflich gesungen. Warum gereicht solche Stimme
nicht unserem Hoftheater zum Ruhm?
THEKLA. Ein Bastard ist der Sänger.
DER FÜRST. Doch also Shakespeare! Bastarde sind sein Zeichen.
Fürsten und Bastarde. Nicht länger darfst du dich sperren, die Situa-
tion historisch zu nehmen. Auch mein Einglas ist verschwunden.
THEKLA. Bleiben die Telegrafenstangen dort störend.
DER FÜRST. Aber was vermögen sie gegen einen Bankert, einen
Prinzen und – erstaune: Hier ist auch der Dolch. Zwar nur ein
Jagdmesser, aber bei gutem Willen ...
THEKLA. Ich habe ihn.
DER FÜRST. Fehlt eine Leiter.
THEKLA. Dort im Schuppen. Halt! Nie traf man Harun al-Raschid
kletternd.
DER FÜRST. Es ist eine Variante.
THEKLA. Und die Ehre des Mädchens?
DER FÜRST. Deckt der Mantel des Sultans.
THEKLA. Leiter und Stube – es ist nicht romantisch genug.
DER FÜRST. Stube und Leiter – so bürgerlich wie ich's gedacht.

Hicketier ist innen ans Fenster getreten, hat den Vorhang
auseinandergeschlagen, schaut in die Nacht. Man sieht im
Hintergrund des Zimmers Schippel, Krey und Wolke am
Klavier.

THEKLA. Unsinnig. Ich darf's nicht wagen. Mit dem Bruder hatte ich schlimmsten Verdruss. Der Brief ward entdeckt. Schließlich, ihn zu beruhigen, log ich der Schwägerin, es habe der Dank für die gestern dem Fürsten geleistete Hilfe darin gestanden. Trotzdem soll ich morgen in der Frühe fort. Er fürchtet.

DER FÜRST. Wen?

THEKLA. Wen sonst?

DER FÜRST. Littest du?

Hicketier ist vom Fenster verschwunden.

THEKLA. Ich liebe Tilmann. Sein Kummer ist mir das Härteste.

DER FÜRST. So bin ich ein Eindringling in Frieden und Stille. Verleite Engel zur Lüge.

THEKLA. Sündhaft von mir ist seit gestern jeder Atemzug. Aber ein Prinz! Ein junger melancholischer Held. Zu lange habe ich mit dem Bruder Volkslieder gesungen, in denen er unablässig auftritt, dass ich ihm hingegeben war, bevor er noch wirklich kam.

DER FÜRST. Entspricht er?

THEKLA. Ganz.

DER FÜRST. Das ist ein Geständnis, Thekla.

THEKLA. Soll es sein. Spräche ich sonst nachts vom Fenster herab?

DER FÜRST. Vertrauen?

THEKLA. Unendlich.

DER FÜRST. Hör zu: Morgens finde ich dich oben am Rennstieg bei der Jagdhütte.

THEKLA. Ich muss fort. Es ist vergebens.

DER FÜRST. Darfst nicht. Nicht morgen. Nicht ehe du mich wiedersahst. Von sechs bis sieben in der Früh vermisst dich niemand im Haus. Zum Rennstieg reite ich im grünen Rock, im Hut mit grünem Bruch, den Hirschfänger an der Seite – ist's romantisch genug? Magst du, heft ich einen Orden an; das goldene Kränzchen, das ich vom Kaiser hab, meinem freundwilligen Vetter und Bruder.

THEKLA. Und wie komme ich?

DER FÜRST. Kattun stell ich mir vor. Putz dich nicht. Komm aus deinem Stand zu mir. Wie du bist, bist du himmlisch vollendet.

THEKLA *summt.*

Ihr Hälslein weiß, ihr schwarzes Äuglein klar,
Dazu trägt sie ein goldfarbkrauses Haar.
Ihr werter Leib ist weißer als kein Hermelein ...

DER FÜRST. Mit dir bin ich diesem Ton wirklich nah, und die Geschichte mit deinem Bruder, dem Singen um den Kranz, bürgerlicher Ehrgeiz, geht mir zu Herzen. In unserem Wald, in den kleinen Städten stecken die Tonelemente solcher Lieder und zwingen uns mit Lebendigkeit.

THEKLA. Sie werden hier mit uns geboren und gehören zeitlebens zu uns. Es ist unsere Gegend, die die schönsten Gesänge erhält. Stehen in des Knaben Wunderhorn.

DER FÜRST. So hat der Fürst des Landes wahrhaftig die Pflicht ihrer Pflege.

THEKLA. Ich will sie dich von Grund auf lehren.

DER FÜRST. Und das Herrlichste bestimmen wir morgen zum Wettgesang.

Das Quartett im Zimmer singt. Man sieht Hicketier, m.. dem Taktstock dirigierend, inmitten der drei.

Was gleicht wohl auf Erden dem Jägervergnügen,
Wem sprudelt der Becher des Lebens so reich?
Beim Klange der Hörner im Grünen zu liegen,
Den Hirsch zu verfolgen durch Dickicht und Teich,
Ist fürstliche Freude, ist männlich Verlangen,
Erstarket die Glieder und würzet das Mahl –

Der Fürst reicht beide Hände nach oben; Thekla gibt die ihren herab.

DER FÜRST. Du fürstliche Freude! Du männlich Verlangen!
DAS QUARTETT.

Wenn Wälder und Felder uns hallend umfangen,
Tönt freier und freud'ger der volle Pokal.

THEKLA. Die Leiter, schnell die Leiter her!

Der Fürst trägt die Leiter heran.

DAS QUARTETT. Johohoho, tralalala ...
THEKLA. Schau fort! Ich steige hinunter.

Sie tut's eilig. Der Fürst empfängt und umfängt sie.

DAS QUARTETT. Tralala tralala tralalalala usw.
THEKLA. Die Leiter fort!

Der Fürst trägt sie zur Seite.

THEKLA. Wohin mit uns? Hinter den Wagen. Kommt jemand, verbirgt er.
DER FÜRST *umarmt Thekla.* Du bist Geliebte, wie es steht. Kleid, Schürze – alles gleicht dem Bilde.
THEKLA. Und auch von Wuchs gefällig.
DER FÜRST. Von Aug ...
THEKLA. Und Haar ...
DER FÜRST. Und Mund ... *Er küsst sie.* Erwidere.
THEKLA. Zu vornehm bist du, stolz.
DER FÜRST. Nicht Stolz. *Er macht eine Bewegung, an ihr herabzugleiten.*
THEKLA *hält ihn.* Herablassung ... *Und beugt sich mit ihm.*
DER FÜRST. O Mädchen ...
THEKLA *küsst ihn.* Liebster.
DER FÜRST. Ich heiße?
THEKLA. Der vierte Heinrich.
DER FÜRST. Die Zahl lass fort – der erste hoff ich.
THEKLA. Der einzige.

Sie standen neben dem Wagen und sind jetzt hinter demselben unter den offenen Schuppen verschwunden.

Zweiter Auftritt

Hicketier, Schippel, Krey und Wolke treten aus der Haustür.

WOLKE. Ohne Umschweif: phänomenal. Krey? Was meinst du?

KREY. Gut.

WOLKE. Kantilene, Timbre – du bist im Innersten erschüttert, Hicketier.

HICKETIER. Ich hatte so viel nicht erwartet. Ein Zweifel über den Ausgang des Wettsingens kann gar nicht mehr aufkommen. Es ist so gut wie gewesen.

WOLKE. Wie die Stimme aber auch zu den unsrigen sich fügt. Nie kam solch Einklang mit Naumann zustande. *Zu Schippel:* Sie können mit der Nachtigall des Kaisers von China sagen: Ich habe Tränen in euren Augen gesehn.

SCHIPPEL. Wahrhaftig. Sie hatten eine. *Er hält ihn am Rockknopf.*

WOLKE. Es soll nicht geleugnet werden; das E brachte mich vollends zum Überlaufen.

HICKETIER. Die Männerstimme, in hohen Lagen zumal, ist eins der größten Gotteswunder. Mir greift kaum ein anderes Ding so ans Herz.

WOLKE. Zärtlicher als Mädchenhände. *Zu Krey:* Schäm dich deiner Rührung nicht.

KREY. Übertrieben.

HICKETIER. Gehen wir noch heiß vom Eindruck schlafen. Gute Nacht. *Er wendet sich gegen das Haus.*

KREY. Gute Nacht. *Geht mit Wolke gegen den Hofausgang.*

SCHIPPEL, *der den beiden folgt, wendet sich zu Hicketier.* Hallo!

HICKETIER. Bitte?

SCHIPPEL *zögert.* Hm ...

WOLKE. Was gibt's?

SCHIPPEL. Eigentlich nichts.

WOLKE. Kommen Sie. *Zieht Schippel gegen den Zaun.* Mit solchem Tenor, Krey, müsste es sich verlohnen, deine Komposition einmal zum Vortrag zu bringen.

KREY *zu Schippel.* Das lügt er in den Hals hinein, ich hätte je eine Note komponiert.

WOLKE *zu Schippel.* Nie will er seine Vorzüge wahr haben. Aber sie kommen auch für Sie schon an den Tag. Was wollten Sie noch von Hicketier?

SCHIPPEL *mit einem Blick auf diesen.* Im Augenblick etwas Besonderes; aber wieder glatt verschwitzt. Haha ...

Schippel, Krey, Wolke exeunt.

HICKETIER *steht mitten im Hof und schaut zu Theklas Fenster hinauf.* Ohne Gute Nacht, ohne sich noch einmal sehen zu lassen. Das wird nun Tage und Wochen so gehen. Ich war wegen des Briefs zu heftig, zu schnell. Dank des Fürsten für die gestrige Hilfe. Unsere Lieder hat sie mitangehört; sie muss bewegt, im Fluss sein. In ihrem Köpfchen, in der Brust kämpfen Trotz und Liebe. Kind, Kind, schläfst du schon? Aber blitzschnell war ich maßlos um dich besorgt, stockte mir der Atem. Weiß nicht, was es bedeutet. Dringe ich jetzt in das Chaos ihrer Seele, verderbe ich mir alles. Könnte ich in ihrer Nähe nur hören. – *Er summt:*

»Hören, hören, was sie will ...«

Wohlklang aus dieser Proletarierbrust! Nicht rissig, unsicher wie der Pöbel singt, sondern der Welt und aller Zusammenhänge bewusst. Alle guten Geister segnen dich! Dein Bruder, noch immer das Herz zerrissen von Bedenken, wollte nur – versteh mich doch in deinen Träumen. Gute Nacht.

Er wirft gegen das Fenster eine Kusshand und geht ins Haus.

DER FÜRST *wird neben dem Wagen sichtbar.* Kein Mensch mehr hier. Wollen gnädige Frau nicht aus dem Dunkel unserer Hütte der schön beleuchteten Gegend Ihre Person wieder schenken?

THEKLAS STIMME. Ich scheue Gegend, Licht und Atmosphäre. Dass diese Nacht nie endete!

Der Fürst verschwindet wieder.

Dritter Auftritt

SCHIPPEL *taucht am Zaun auf.* Wie sich das Haus breitspurig in die Welt pflanzt! Uns bewuchert man für jeden Fuß Geviert; hier lungert ein leerer Wagen über Quadratmeter. *Mit erhobener Faust:* Ich hasse euch! Wie ihr Süßigkeiten zusammengeballt in eure Därme schlingt, faules Bürgerpack, euch entleert und weiterfresst, bis mit Säften gefüllt ihr euern Kindern die harte Glätte vererbt, die als Folge gut genährter Nerven die Welt verpestet. Inzwischen müssen wir uns in einem Wurf, oft mit uns selbst erschöpfen. Ein Enkel, der das Andenken ins Blut kriegt, kommt nicht zustande, der euch erschlüge! *Er tritt in den Hof.* Mir schlottern um ausgemergelte Glieder die Fetzen. Dem Bürgermädchen spannte sich der Rock über die Hüfte zum Platzen. *Er kopiert nochmals Theklas Gang. Dann streichelt er die Mauer des Hauses.* Da pfeift kein Wind hinein, an einen halben Meter dick die Mauern. Innen an der Wand bläht sich Porträt von Vater und Großvater. Geboren 1838, tot 86. Ich habe den einen nicht, geschweige den andern … Du entschlüpfest mir vorhin, Alter. Tolle Pläne hätte ich mit dir, wollte va banque machen, juckte mir die Tatze. Juckt mir schon wieder, an dich heranzukommen, unmittelbar, dass dir mein Atem ins Antlitz bliese. Ich verschmachte hier unten nach dir, feister Spießbürger. Stößt aus deinem Wanst einen recht selbstsicheren Bass herauf: Bin verliebt in dich, in deine ganze Art und Rasse. Mein Herzchen klopft, die Pulse jagen. So geh ich nicht schlafen. *Erblickt die Leiter.* Leiter! Ich wag's. Hast eine Anziehungskraft, Baron, auf den Enterbten, stärker als ein Weib. *Er legt die Leiter gegen Theklas Fenster, steigt hinauf und sieht hinein.* Ein Hemdchen überm Stuhl. Kemenate! Hier nicht. *Klettert im Nu herab, legt die Leiter von Neuem an, steigt hinauf und sieht in ein Fenster.* Er ist's! Rauscht alle Natur! Hängt den Rock über einen Bügel, streicht ihn noch glatt. Freilich, Ordnung muss im Weltall sein. Der Hosenträger an sechs festen Knöpfen, merk's Schippel. Und graue Socken mit Strumpfbändern.

HICKETIER *stößt von innen das Fenster auf.* Sind sie wahnsinnig?

SCHIPPEL. Singselig. Glatt aufgewühlt von vorhin. Stellt Euch, Bürger, nicht so erschrocken über das kleinste Quantum Rage.

HICKETIER. Sie machen jeden guten Eindruck zunicht. Gehen Sie heim.

SCHIPPEL. Ein Kauz sind Sie. Verstehen meine Absichten niemals. Ich wollte, hahaha, wollte halt ein wenig zum Bewusstsein des Glücks von eben kommen.

HICKETIER. Eher könnte man meinen, Sie hätten es völlig verloren. Mitten in der Nacht. Nebenan das Fenster – meine Schwester schläft – hörte sie – Marsch! *Wirft das Fenster zu.*

SCHIPPEL *steigt die Leiter hinab.* Kommandoton. Schläft die Schwester – *Er steht wieder mitten im Hof.* Die weißgewaschene helle fette. Hund, Schuft! Du willst mich betrügen! *Er stürmt die Leiter hinan und schlägt mit der Faust in Hicketiers Scheiben.* Hochgesprungen! Heraus aus deiner satten Ruh! Das Mädchen nebenan – gerade das – will ich ...

Der Fürst, hinter ihm Thekla sind für die auf der Bühne unsichtbar, zögernd, sich verbergend neben den Wagen getreten.

HICKETIER *dessen Gesicht oben kurz hinter den Scheiben sichtbar geworden, erscheint, aus der Haustür stürzend, auf der Szene, springt an den Fuß der Leiter und zischt zu Schippel hinauf.* Was sagt der Hallodri?

SCHIPPEL *auf der Leiter ihm zugewendet.* Die Schwester gerade! Oder Ihr zieht mir mit Zangen keinen Ton aus der Kehle! *Hicketier ist zum Wagen gestürzt, reißt die Peitsche vom Kutschbock. Der Fürst und Thekla sind bei Hicketiers Nahen hinter den Wagen zurückgewichen.*

HICKETIER *erblickt sie, schreit kurz auf.* Ah! *Reißt sich zusammen und taumelt gegen Schippel.* Bellt der Köter? Dreckiger Prolet!

SCHIPPEL *springt von der Leiter, entreißt Hicketier die Peitsche, presst ihn umklammernd gegen die Mauer und steh Antlitz an Antlitz vor ihm. In höchstem Affekt.* Ja Prolet, missduftend. Heiraten die Schwester, das Aas, das stolze Aufrichten meine rote Standarte über euch! Krepiere, Alter, wackele mit dem Kopf. Wir reden darüber!

Er stürzt durch die Zauntür ab. Hicketier steht paralysiert.
Der Fürst geleitet Thekla mit fürstlicher Gebärde ins Haus.
Bleibt dann vor Hicketier stehen.

DER FÜRST. Ihre Schwester Thekla – jetzt zu bewegt – selbstverständlich morgen … *Wendet sich schnell zum Gehen.*

Der vierte Aufzug

Gleiche Szene. Frühmorgens.

Erster Auftritt

Hicketier sitzt schlafend in einer Laube.

JENNY *erscheint in der Haustür.* Ich bringe es nicht übers Herz, ihn zu wecken.

Wolke kommt vom Zaun her.

JENNY *zeigt auf Hicketier.* Pst!

WOLKE. Potz!

JENNY. Da saß er die ganze Nacht. Als ich morgens wach werde, finde ich ihn nicht im Bett.

WOLKE. Sorgen. Schippel!

JENNY. Macht er auch gute Miene zum bösen Spiel, innerlich duldet er Qualen.

WOLKE. Er soll sich die wenigen Tage bis zum Fest noch zusammennehmen. Wolkes sind auch nicht die ersten Besten. Hast du mit ihm über unseren Plan gesprochen?

JENNY. Welchen?

WOLKE. Krey. Ich möchte, Verlobung und Singfest wird mit einem gefeiert.

JENNY. Du bist unbedingt auf dem Holzweg. Krey wurde bei einer zarten Anspielung auf ein nächtliches Schleichmanöver so ungeschliffen grob ...

WOLKE. Stimmt! Er ist ein Luchs, Fuchs, Kuckuck. Es gibt, meine Gute, Perversionen der Liebe, von denen du nichts ahnst. Wir haben da zum Beispiel den Korybanten, der im Traum die Geliebte in schlimmste Gefahren, widerlichste Schliche verstrickt, sich einbildet, aus denen sein Mut sie errettet.

JENNY. Grässlich!

Hicketier macht im Schlaf einen Schnarcher.

WOLKE. Bravo! Allmählich nun – und das ist das Dämonische an der Geschichte – entfernt er sich von der harmlosen Wirklichkeit der Angebeteten so bedeutend, dass er sie in ihrer schlichten Gesundheit überhaupt nicht mehr zu schätzen vermag. Wirkung: Katastrophe. Mütter jammern, Väter wimmern unter Trümmern. Ursache: Korybant. Ohne nun behaupten zu wollen, mit Krey wäre es so, hat es mit ihm doch das auf sich, was Natur ein Phänomen nennt, das heißt in folgender Beziehung: seine geistige Überlegenheit –

JENNY. Dass du ihn für so klug hältst!

WOLKE. Ein Universalgenie, Jenny! Sprich über die Juden mit ihm. Ah, ein Köpfchen! Oder nimm die Technik, Physik, Algebra, und halt dabei seinen Augapfel in acht. In der quicken Pupille, wie sie zuckt und schlitzt, liegt der geheimnisvolle Vorgang.

JENNY. Kurz?

WOLKE. Er hat Thekla in sich zu ausbündiger Vollkommenheit erhoben. Platonische Idee. Nun traut er sich nicht.

JENNY. Und hat einigermaßen recht. Sie ist eine Hicketier und dazu ein himmlisches Kind.

WOLKE. Eine Leckerei ohnegleichen. Zugegeben. Nun höre meinen Feldzug: Ich drang mit Reden in ihn, ließ ein Bild, ihre Schrift bei ihm liegen; füllte seine Sphäre mit ihrem Geist, ihrem Geruch, ich – der Ausdruck sei erlaubt – verpestete sein Leben mit ihr. Schließlich, da der Koloss in seinen Knien wankt, fuhr es mir heute Nacht ihm gegenüber heraus, sie habe in Liebesraserei seine und ihre Initialen verschlungen in die große Ulme dieses Hofes geschnitten.

JENNY. Wolke!

WOLKE. Es geschah von meinen Händen zwischen fünf und sechs Uhr heute Morgen. Sieh her. *Er zeigt ihr die Stelle.*

JENNY. Aber!

WOLKE. Da sah ich Hicketier schon. Er schnarchte regelmäßig und fest. Ich machte mir gleich meine ernsthaften Bedenken über ihn dort am Tisch. Und was gilt nun die Wette: Krey, ehe er zum Büro geht, jeden Augenblick jetzt erscheint, sich zu vergewissern.

JENNY. Da ist er!

WOLKE *zieht Jenny hinter den Wagen.* Zurück!

Zweiter Auftritt

KREY *kommt, sieht sich vorsichtig um und springt an die Ulme.* Wahrhaftig! *Er lehnt gegen den Stamm und wischt sich den Schweiß von der Stirn, aufstöhnend:* Entsetzlich! Ich scheine verloren. *Exit.*

WOLKE *tritt mit Jenny hervor.* Tränen? Jetzt ist jede Diskussion geschlossen. Ja teurer Freund – ich wollte dein Glück. *Ihm in Bewegung nach.*

JENNY *tritt in die Laube und setzt sich Hicketier gegenüber.* Geliebte Seele.

HICKETIER *aus dem Schlaf.* He?

JENNY. Es ist acht Uhr vorbei.

HICKETIER *jäh erwachend.* Thekla?

JENNY. Du schliefst die Nacht hier?

HICKETIER. Schloss kein Auge.

JENNY. Lass endlich deine Sorge. Habt ihr den Kranz, entledigt ihr euch Schippels.

HICKETIER. Ein übler Traum war das. Sag mir deine heimlichsten Gedanken.

JENNY. Ich habe keine. Den Kaffee hol ich dir.

HICKETIER. Und Thekla?

JENNY. Soll heiraten.

HICKETIER. Weiß Gott!

JENNY. Sie ist im Alter. Nur wird sie mit ihrem Kopf Besonderes wollen.

HICKETIER. Zu niemandem ein Wort, zu ihr selbst nicht: Schippel!

JENNY. Tilmann!

HICKETIER. Wir hatten die Köpfe im Sand. Inzwischen ist's weit gediehen. Weigerung meinerseits verbürgt eine Katastrophe.

JENNY. Thekla Hicketier – Schippel! Mit allen Kräften ...

HICKETIER. Nein, ich habe einen Plan: Dem Burschen wird ein Stammbaum gezimmert. Jener verabschiedete Offizier, Junggeselle, der an Schippels Leben schuld sein dürfte, soll ihn adoptieren. Der

Vermögenslose ist zu bewegen. Leib und Seele setze ich daran. Frage nicht! Du weißt Bescheid. Kein Wort mehr bis zum endgültigen Abschluss.

JENNY. Ich machte mir Vorwürfe – doch war sie unaufrichtig.

HICKETIER. Das war sie.

JENNY. Vielleicht könnte Schippels wegen der Fürst ...

HICKETIER *springt auf.* Keine Krume von den Großen! Kein Gequengel und Gebettel, Almosen und zum Schluss Verlegenheiten. Mit fester Hand alles selbst!

JENNY. Das walte Gott. *Exit.*

Dritter Auftritt

Thekla öffnet im Haus ihren Fensterladen. Noch nicht völlig bekleidet, breitet sie die Arme gegen die strahlende Sonne. Man erblickt am Oberarm den goldenen Reif. Hicketier tritt aus der Laube in die Mitte der Szene ihr stumm gegenüber. Thekla löst das Band vom Arm und wirft es dem Bruder zu.

HICKETIER *fängt es und wirft es zurück. Eindringlich:* Nichts gibt's, das die Gebärde rechtfertigt. Am entscheidenden Ort keine Romantik. Eine Mitteilung, auf die ich Antwort will: Deine Hand ist gestern von Herrn Schippel gefordert. *Thekla leiser Aufschrei.*

HICKETIER. Bedenken, von mir erwogen, haben praktischen Einwendungen nicht standhalten können.

THEKLA *entgeistert.* Bruder ...

HICKETIER. Alle »Aber« fallen in die Nacht. Heute, morgen, dein Leben lang.

THEKLA. Mein Schicksal!

HICKETIER. Bürgerin!

THEKLA. Ich – oh – Herz – *Verbirgt ihr Gesicht in den Händen.*

HICKETIER *abrupt ausbrechend.* Traum hin. Ins Licht gesehen. Stolz, Stolz, Hicketier: Auf Mark und Knochen besonnen, ehe du durch Jux und Faxen lächerlich, verspült wirst.

THEKLA. Ich komme! *Sie stürzt vom Fenster, ist gleich darauf auf der Szene und fliegt Hicketier in die Arme.* Was du willst. Aus deiner Seele geschieht mit mir Wahrhaftigkeit, fühle ich.

HICKETIER. In einer Stunde bist du über alle Berge zur Tante, bleibst, bis ich dich in Ehre, Frieden und Gewissheit zurückrufe. Sei ausgiebig in deinem Schmerz, wirf dich ihm grenzenlos hin, zeichne durch seine gründliche Tiefe vor den Nächsten dich aus und ende ihn nicht zu frühzeitig. Doch verbirg ihn. Vom Mitmenschen mag die Welt nichts als seine Tüchtigkeit. *Er macht, indem er den Arm um ihre Schultern legt, einige Schritte mit ihr.* Wenn dir als Gattin, Mutter oder Ahne der heutige Tag vor der Seele lebendig wird, muss eine überlegene Geste, die du gemacht, dir das Herz mit schöner Gewissheit füllen. Trete ich später über deine Schwelle, wird dasselbe Lächeln, das hinter Tränen dir schon um den Mund steht, uns erinnern, wer wir sind, woher wir stammen und was wir über uns vermocht. Segne Gott dich, Kind.

Thekla zeigt in die Ferne, aus der Schippel auftaucht.

SCHIPPEL *ruft.* Guten Morgen allerseits!

THEKLA. Guten Morgen, Herr Schippel. *Exit.*

Vierter Auftritt

HICKETIER. Sie kommen wie gerufen.

SCHIPPEL. Komme, gerufen von innerer Unruhe. Ab gestern Abend hielt ich mich nie weit von Ihrem Haus entfernt.

HICKETIER. Wie ein Habicht um seine Beute kreist.

SCHIPPEL. Auf jenen Hügel bis an den Bach kroch ich und hatte die Lichter dieses Zimmers – *er zeigt auf Theklas Zimmer* – fortwährend im Auge, die nicht erloschen. Mit welchen Gefühlen!

HICKETIER. Welchen?

SCHIPPEL. Sagten Sie es nicht?

HICKETIER. Habicht!

SCHIPPEL. Als Kind ging ich zu anderen Kindern auf die Straße. Ein Mädchen spie mir ins Gesicht: Thekla Hicketier.

HICKETIER. Ah!

SCHIPPEL. Hass, der zwei Jahrzehnte geschwelt, brach in dieser Nacht lichterloh aus in mir, überflammte mich. Als morgens der Bach lauter herabstürzte, überbrüllte ich ihn mit Tönen, die ich nie von mir gehört und die nun bis zum Singfest mein sind, weil einzig sie mir den Besitz dieses Mädchens verbürgen. Den halben Genuss meiner erfüllten Rache nähme ich mir aber, verschwiege ich Ihnen, welche Träume ich geträumt, welche Gebärden ich in der Einbildung mache, wie ich Hand legte an diesen Leib.

HICKETIER. Sie sind ein toller Bräutigam. Denn durch Zustimmung des Mädchens sind Sie's.

SCHIPPEL. Ich hatte Gewissheit, als ich Sie beide eben überraschte.

HICKETIER. Und Ihre immer wieder an den Tag gebrachte Aufrichtigkeit ...

SCHIPPEL. In der wir uns treffen. Sie werden sich stets des Umgangs mit mir schämen.

HICKETIER. Gut kapiert.

SCHIPPEL. Ohne Sorge. Mein Weltbild ist einbildungslos, solid. Aber die Gewissheit, ich halte Sie aus Ihrer Eitelkeit um den Kranz tagelang zwischen Händen, knete an Ihnen nach Gefallen –

HICKETIER. Spielen so ein bisschen lieber Gott vor sich selbst.

SCHIPPEL. Man hat's endlich nötig.

HICKETIER. Sind gewissermaßen von glücklichen Winden gebläht.

SCHIPPEL. Habe Schwung und Einbildungskraft.

HICKETIER. Die Sie an Thekla legen.

SCHIPPEL. An die Schwester, Schwager.

HICKETIER. Meinen, ich erbebe?

SCHIPPEL. Habe meine Anzeichen dafür.

HICKETIER. Rückst mir wieder nahe. Bauch klopfen. Hahaha.

SCHIPPEL. Seelisch, Freundchen. Hab's anders nicht mehr nötig.

HICKETIER. Strengst deine Warenhausfantasie mit Thekla mächtig an. Weil sie dich bespie ...

SCHIPPEL. Und so kommt die Stunde, da wir in meinen vier Wänden uns gegenüberstehn, Gatten –

HICKETIER *mit lautem Lachen.* Und?

SCHIPPEL. Ich abrechnend vor ihr aufwachse, balle die Worte im Mund ...

HICKETIER. Und?

SCHIPPEL. Beginne ...

HICKETIER. Stolz in der Brust, einer Hicketier windiger Ehgemahl.

SCHIPPEL. Vor der alles die Worte in Watte packte. Ich, irgendeiner, der aus Zufall wurde, in der Gosse aufwuchs, will jetzt die unbefleckte Bürgerin, will jetzt, packe sie an – *Packt Hicketier.*

HICKETIER. Und?

SCHIPPEL. Alter Fugger, kracht dir das Herz?

HICKETIER *mit dröhnendem Lachen.* Es lacht über dich Lumpensammler, der du glaubst, ein Kleinod aufzupicken. Höhere Gesetze ducken dich: Was unsereins dir gewährt, ist höchsten Glanzes verlustig ...

SCHIPPEL *prallt zurück.*

HICKETIER. Verlor, für dich noch tausendmal zu gut, an einen Besseren die Blüte.

SCHIPPEL. Thekla ...?

HICKETIER. Ist dir gewährt.

Große Pause, in der Schippel abgewendet steht.

HICKETIER *geschäftlich.* Ich bin dem neuen Familienmitglied noch Aufklärung schuldig. Auch über die Höhe der Mitgift wollen wir in meinem Büro weitersprechen. *Er macht eine Gebärde gegen das Haus.* Darf ich bitten. Dann habe ich eine Möglichkeit ins Auge gefasst, wie dem Missstand Ihrer dunklen Geburt abzuhelfen sei. Es handelt sich um jenen ledigen Offizier, der an dem Unglück schuld war.

SCHIPPEL *dreht sich ihm zu.* Ich nehme Ihre Mitteilung zur Kenntnis.

HICKETIER. Bravo.

SCHIPPEL. Ohne Weiteres wissen zu wollen ...

HICKETIER. Bravo.

SCHIPPEL. Glaube ich nicht, dass der in mir wurzelnde Begriff von Mannesehre mir erlaubt, die Werbung länger aufrecht zu erhalten.

HICKETIER *konsterniert.* Was?!

SCHIPPEL. Glaube nicht. Muss mir Entscheidung vorbehalten.

HICKETIER *mit ausgestreckten Armen gegen ihn.* Fort, fort! Hinaus!

SCHIPPEL *tritt zurück.* Spüre schon, Verwandte können wir nicht sein.

Hicketier dringt auf ihn ein.

SCHIPPEL *wehrt mit großartiger Handbewegung ab.* Bescheiden in unserer Verlegenheit!

Fünfter Auftritt

Krey und Wolke treten auf.

SCHIPPEL. Ich will beim Fest singen wie ein Gott!
WOLKE. Sehe ich Sie ohne Halstuch, ist mir stets um Ihren Kehlkopf angst.
KREY. Malzbonbons.
SCHIPPEL. Ohne Sorgen, meine Herren, ich kenne meine schwere Verantwortung als Gentleman.

Hicketier ist aufs Haus zugegangen.

SCHIPPEL. Guten Morgen. *Exit.*
WOLKE *zu Hicketier.* Höre!
HICKETIER *in der Haustür.* Später. *Exit.*
KREY *zieht Wolke an die Ulme.* Schwöre!
WOLKE. Ich könnte zwei Finger heben, und es wäre vollbracht. Aber erst will ich dir mehr von ihr sagen, was ich beobachtet: Du kennst die Kamille, den Rittersporn und Löwenzahn, kurz, es blüht keine Blume, die sie nicht pflückte, zu fragen: Er liebt mich – nicht – liebt mich!
KREY. Schwöre, sie schnitt die Zeichen ein. Schwöre. *Er packt ihn.*
WOLKE. Du kennst den Majoran.
KREY *presst ihn so stark, dass Wolke sich windet.*
WOLKE. Pechnelke meine ich.
KREY. Schwöre! *Er tritt ihn, verfolgend, in den Hintern.*
WOLKE *laufend.* Und geht es auf mit: Er liebt mich ...
KREY *hat ihn wieder gepackt und schüttelt ihn, indem er ganz außer sich brüllt.* Den Eid! Den Eid!
WOLKE. Was wäre dabei. *Er hebt die Hand zum Schwur.* Ich schwöre!

KREY *fällt auf einen Stuhl und verdeckt das Gesicht mit den Händen.*

WOLKE. Närrischer Mensch, gutes in Vorurteile gezwängtes Herz. Schau mich, deinen Wolke schau an, der dich herzlich liebt und keine Stunde länger deine Gewissensqualen mit ansieht. Der aber auch für sein eigenes Dasein fortan Ruh will. Krey, *mit erhobenen Händen,* Krey, *auf Knien vor ihm, ganz erschüttert,* hol dir Thekla.

KREY *hebt ihn auf und küsst ihn.* Ich sehe nicht in Zusammenhänge, weiß nicht warum, da alles bisher so gemütlich war. Doch aus deinem Herzenston hörte ich, es soll so sein. Kein Wort weiter. *Sie schütteln sich die Hände.* Warte hier; als Bräutigam komme ich wieder. *Geht ins Haus.*

WOLKE. Das ist ein Kerl, ein wonniger, gottbegnadeter! Wie komme ich arme Kreatur zu dem – ja also wie?!

Der fünfte Aufzug

Waldlichtung. Anbrechender Tag.

Erster Auftritt

Der Fürst kommt von rechts. Thekla von links. Beide schnell aufeinander zu, reichen sich die Hände.

DER FÜRST. Dass Sie mir diese letzte Zusammenkunft gewährten, wird mir Ihr Andenken in den Himmel heben.

THEKLA. Ich bin die Braut des fürstlichen Beamten Heinrich Krey.

DER FÜRST. Der Bruder verkündete es gestern in das für ihn siegreich beendete Sängerfest. Mir wurde Thekla durch allerhand Listen und Hinterhältigkeiten verwehrt, was meine Mannesehre anging. An Stelle des erwarteten Widerstands traf ich Lächeln und ewige Bereitwilligkeit, nur Sie selbst, die in der Zwischenzeit verschwunden, fand ich erst als Braut wieder. Wer ist – wer wagt es eigentlich?

THEKLA. Kurz, es geschah. Musste geschehen. Und wäre man auch bald darüber gestorben – wir leben beide.

DER FÜRST *mit Gebärde.* Thekla!

THEKLA. Sie wollen, Durchlaucht, mich von Neuem nicht verführen. Sie sind der Mann, dem ich wieder gehöre, wollte er. Ohne Sie bin ich immer einfältig, das weiß Gott. Doch herrscht, sind Umstände nicht allzu ungünstig, Zucht in mir.

Der Fürst will seinen Arm um sie legen.

THEKLA. Sind Umstände nicht ungünstig, Zucht in mir.

DER FÜRST. Geliebte!

THEKLA *mit letzter Willensanstrengung zornig mit dem Fuß stampfend.* Zucht! *Der Fürst tritt zurück. Thekla lächelt sofort.*

THEKLA. In diesen schweren Tagen, in denen ich aus dem Schicksal, das ich von Ihnen erfuhr, über Sie hindachte, bin ich Sie deutlicher inne geworden, als Sie sich selbst wohl erkannt ...

Sie wankt. Der Fürst umfasst und hält sie einen kurzen Augenblick, doch keusch, in Armen.

THEKLA. Sie sind ein entzückendes, unvergessliches Glück für Frauen. Schlank, warm und hungrig wie ein Kind, bringen Sie einer jeden die Überzeugung bei, sie sei die erste Frau, die Sie umfängt, und rechtfertigen Hingabe. Besitzen aber die für Sie verschwendete Fülle der Empfindungen noch ohne Bewusstsein mit heldischem Übermut, und erst mit den Jahren wird Ihnen aus häufigen Bekanntschaften die Frau deutlich und vertraut werden. Wollte Gott, mein Bild hätte dann in Ihnen noch so viel Leuchtkraft, dass ich nicht unter den Unedlen stehen muss. *Sie nimmt aus dem Busen den goldenen Reif und gibt ihn dem Fürsten. Mit Tränen in den Augen.* Andenken an Thekla Hicketier!

Der Fürst beugt sich tief auf ihre Hand.

THEKLA. Wollen Sie Heinrich Kreys Braut zum letzten Mal über die Wiesen begleiten?
DER FÜRST. Können Sie ihn …?
THEKLA. Alsbald wohl. Er hat einen edlen Charakter bewiesen.
DER FÜRST *im Gehen.* Versprechen Sie mir, dass es in Ihrer Erinnerung nicht einst auch von mir heißt: Er bewies einen edlen Charakter, sondern: Er war ein unvergessliches Glück für Frauen.
THEKLA. Dazu sagt mein Herz Ja. *Exeunt.*

Zweiter Auftritt

SCHIPPEL *tritt auf in Frack und Zylinder.* Das sind Situationen, die das Elend der Welt deutlicher machen als allerhand Knotenpunkte. Die vergangene Nacht voll irrsinniger Angst, und solche Morgenstunde, die kein Geld, eher kühlen Tod im Mund hat. Zu dem großzügigen Verzicht auf das Mädchen, der mich mein halbes Leben kostete, auf meine heroische Haltung beim Singfest, das durch mich ein Sieg wurde und bei dem ich von diesen Halunken nur ein Nicken erntete, als Gipfel eine Forderung vor die blanke Pistole. Weil ich dem aufgeblasenen Bräutigam andeutete, seine gloriose Braut habe eher getechtelmechtelt. Welcher Hohn, mich in einer Angelegenheit plötzlich mit ihrem Maß zu messen, in der mir jedes andere erträglicher wäre. Gestern Fest, heute Duell. Ich komme aus dem Frack nicht mehr heraus. Aber so listig eure Grube gegraben ist, ich falle nicht hinein. Ich fliehe! Schleunigst über alle Berge von hier. Ihr sollt mir meinen Brustkasten nicht durchlöchern. Ist ja Mord, einem harmlos Lebendigen, der nie eine Waffe hielt, so begegnen zu wollen. Mit dem Schein auf Recht. Was aber, ihr Hunde, blieb mir von meiner ganzen Heldentat, wenn ich nicht jedem erzählen darf: Ich pfiff auf Thekla Hicketier – He? Du bist hier total zu Ende, Junge. Die Geschichte ist für dich verpfuscht. Eine Hand, einen Fuß hätte ich gegeben, mich auf der Höhe zu halten. Aber ich lasse mir nicht einfach in den Bauch schießen. Denn ich würde fallen, hatte fürchterliche Träume, sah mich mit einem faustgroßen Loch im Unterleib, und die Gedärme schleiften nach. Was ich schon fest in Händen hielt, verloren; nur mein junges Leben gerettet. Ich will wieder flöten und singen gehen, bleibe auf Trinkgelder erpicht, aber abends im Bett kann ich meinen heilen Leib betasten, darf wieder den Schnabel brauchen, muss meinem ganzen Habitus nicht mehr fortwährend Scheuklappen anlegen. Kurzer Glanz, wie ich Hicketier in Händen hielt. Doch zu welchem Ende sollte es führen: einer bengalisch beleuchteten Leiche. Das ist nichts für meiner Mutter Sohn. Heiland! Hat mich blinder Drang an den Platz geführt, der ausersehen war, mich ins Gras beißen zu sehen. Hier hätte Krey mich niedergeknallt. Aber nun mache ich eine überraschend konträre, sagen wir besser, eine tiefinnerlich entsprechende Geste: Verdufte in das Nichts, aus dem ich mich aufhob. *Exit.*

Dritter Auftritt

Von der anderen Seite treten auf Hicketier, Krey und Wolke,
alle im Frack.

WOLKE. In fünf Minuten sieben Uhr. Wir sind die ersten. *Zu Krey:*
Wie ist dir?

HICKETIER. Lass deine ewigen Fragen an ihn. Er scheint gefasst.

WOLKE. Mir aber stehen Haare gesträubt. Hätte ich diesem unseligen
Duell nicht doch noch schließlich das Wort geredet, hätten wir
Schippel auf diplomatischem Weg zu dem Unseren gemacht, uns
seiner ferneren Haltung versichert. Dieser Mensch, davon bin ich
nach seinem Auftreten überzeugt, schlägt eine furchtbare Klinge,
schmettert Krey glatt eine zwischen die Rippen. Zudem sah ich
unsern Freund im Traum ohne Kopf.

HICKETIER. Du hast ihn, scheint's, verloren.

WOLKE. Wo bleibt der Arzt? *Zu Krey:* Klopft dein Herz? Was macht
der Puls? *Befühlt ihn.* Als du trankst, sah ich, du hast eine belegte
Zunge. Was wird das geben!

KREY. Und war vorher alles so gemütlich.

HICKETIER. Schippel hielt sich, als man die Forderung brachte, ein-
wandfrei.

WOLKE. Ist das ein Wunder? Wahrscheinlich hat er, auf jede blutige
Eventualität gefasst, die Pistole seit Wochen nicht aus der Hand
gelegt; Krey aber, dem ich erst den Mechanismus des Drückers er-
klären musste, ist vor solchem Schnapphahn geliefert.

HICKETIER. Versau uns durch deine Feigheit nicht das Bild dieses
Zusammentreffens.

WOLKE. Ich pfeife auf Äußerlichkeiten, da das Leben dessen auf dem
Spiel steht, der mir auf Erden das Liebste bedeutet.

KREY *kläglich.* Schweig, Wolke.

WOLKE. Ein Bräutigam, ein Liebender und Geliebter, soll er im
Frührot des Lebens in einen grausamen Tod! Bereitet sich hier nicht
Mord vor, und bist du, Hicketier, an demselben nicht schuldig?
Hast du Krey nicht mit solchem Nachdruck auf die verletzte Ehre
seiner Braut gewiesen, die er aus eigenem Antrieb an einem tief

unter ihm Stehenden nicht durchaus mit der Waffe hätte rächen wollen, nachdem er seine großzügige Gesinnung schon hinreichend bewies, als er über Theklas nicht aufgeklärtes Abenteuer den Schleier der Liebe breitete? Hast du den Besitz von Theklas Hand nicht gradezu von diesem Duell abhängig gemacht, so dass von allen Seiten Außergewöhnliches geschehen musste, es überhaupt zu ermöglichen? Und warum das alles? *Zu Krey, der zusammengesunken dasteht:* Mut, Krey! Weil im letzten Grund du Achtung vor den Fisematenten dieses Heraufkömmlings hast. Hicketier, ich ahne in deiner Seele schon lange düstere Vorgänge – unterbrich mich nicht! Deine vorgegebene Hoheit ist nur noch ein pappenes Schild. Der Himmel hat dich mit Schippel heimgesucht.

HICKETIER. Ein Habenichts, schlug er hunderttausend Mark, die an einem schönen Mädchen hingen, aus, hat, eines kläglichen Lohns hinterher von unserer Seite gewiss, mit unentwegt himmlischer Stimme den Kranz ersungen und stellt sich, ungewohnt solcher Prüfungen, mannhaft vor die Mündung einer Pistole. Krey tut nur das Äußerste, zuckt er solchem Heldenmut gegenüber nicht mit der Wimper.

WOLKE. Unsereins, des natürlichen Vorrangs bewusst, hat nicht den Ehrgeiz, mit Schippel um die Palme zu ringen.

KREY. Schweig, Wolke!

HICKETIER. Es muss mir gestattet bleiben, die menschliche Qualität meiner näheren Umgebung immer wieder auf die Probe zu stellen. Mach Krey durch dein Gehabe im entscheidenden Moment nicht untüchtig.

WOLKE. Sieben Uhr. Kein Mensch lässt sich sehen.

KREY. Vielleicht hat er's vergessen.

HICKETIER. Unsinn! *Er geht einige Schritte in den Hintergrund.*

WOLKE. Zwei Minuten nach sieben.

KREY. Ich lebte so gemütlich. Du siehst, wie weit du's mit mir gebracht.

WOLKE. Wie lange müssen wir eigentlich warten?

KREY. Mir wird schwach.

HICKETIER. Könnten sie den Platz verfehlt haben?

WOLKE. Krey steht vor einer Nervenkrise.

HICKETIER *zu Krey.* Weise Wolkes Albernheiten doch zurück.

WOLKE. Acht Minuten nach sieben. Sind wir verpflichtet, bis zum Abend hier zu warten?

HICKETIER. Sie haben uns verfehlt; suchen wir sie zu finden. Kommt!
Exit.

WOLKE. Fiele ein Orkan, Erdbeben ein!

KREY. Tatsächlich streiken meine Nerven. Und lebte so gemütlich.

Wolke nimmt Krey unter den Arm und schleppt ihn fast davon.

Vierter Auftritt

Nach einem Augenblick erscheinen von der anderen Seite Müller und Schultze schwarzgekleidet und winken zurück. Der Arzt, Schippel am Arm haltend, kommt mit ihm in den Vordergrund der Szene, wo Schippel, durch einen Busch verborgen, den auf der Bühne Stehenden unsichtbar ist.

DER ARZT. Nehmen Sie sich zusammen! Nicht kindisch sein.

SCHIPPEL *schlotternd im Flüsterton.* Lassen Sie mich laufen, Doktor; hätten Sie mich nicht gerade noch erwischt, wäre ich über alle Berge davon. Sie sind ein Freund der Armen, bitte loslassen!

DER ARZT. Unsinn. Die Konsequenzen.

SCHIPPEL. Ich bin ein armer Kerl ohne Konsequenzen.

DER ARZT. Seit dem Fest sind Sie in der Bürgerschaft eine angesehene Person.

SCHIPPEL. Ein Prolet, versichere Sie. Vor vierzehn Tagen noch ungekannt in einem Winkel. Ich verschwinde ins Nichts zurück, molestiere keinen.

Müller und Schultze haben den Platz abgeschritten, Pfähle in den Boden gesteckt. Sehen jetzt nach der Uhr.

DER ARZT. Ihre Ehre, zum Donnerwetter!

SCHIPPEL. Ach Doktorchen, habe keine. Schwöre Ihnen. Loslassen!

DER ARZT. Die Gegner werden einen Strom von Lächerlichkeit über Sie gießen.

SCHIPPEL. Sollen sie. Ist ja, was ich will, Doktorchen. Bete drum, himmlisch! Bin ja ein Hund, ein Aas, Elender; sage es selbst.

DER ARZT. Nur eine Nervenkrise, nichts weiter.

SCHIPPEL. Durchaus nicht. Mir schlottern die Knie. Ausgemergelt. Der Tod, Doktor! Loslassen. Doktor, der Tod!! Ich falle vor Ihnen nieder.

Fünfter Auftritt

Hicketier, Krey und Wolke kommen zurück.

HICKETIER. Da sind die Herren.

Allseitige Verbeugung.

HICKETIER. Die Plätze sind bezeichnet. Bitte jeder an seinen Standort.

Es begibt sich jeder an seinen Platz. Krey und Schippel stehen sich in der Diagonale der Bühne gegenüber, so dass Schippel ganz vorn rechts die Rampe berührt, und Krey die äußerste Spitze des Hintergrunds links besetzt. Neben Schippel rechts der Arzt, links die zwei Herren, bei Krey links Hicketier, rechts Wolke. Müller hat zwei Pistolen aus einem Kasten genommen, lädt sie, zeigt sie Wolke und sagt:

MÜLLER. Zweimaliger Kugelwechsel, zwei Läufe. Beide geladen.

WOLKE. Komisches Spiel.

Der Arzt hat seinen Instrumentenkasten geöffnet. Krey steht schwankend.

HICKETIER *leise zu ihm.* Mut!

KREY *lallt etwas wie B–lut ...*

SCHIPPEL *steht schwankend.*

DER ARZT *leise zu ihm.* Mut!
SCHIPPEL *lallt etwas wie.* T–t–tot.

Schultze hat ein Taschentuch wie eine Fahne gezogen.

HICKETIER. Beim Zeichen des Tuchs bei drei: Feuer!
SCHULTZE *zählt.* Eins – zwei – drei!

*Und schwenkt das Tuch. Krey fällt. Alles läuft zu ihm und
zieht ihn ein paar Schritte von der Szene.*

STIMME DES ARZTES. Der Arm unbedeutend geschrammt.
STIMME WOLKES. Gott sei gelobt.

*Schippel, der mit ausgestrecktem Arm gleich einer
Marmorsäule allein auf der Szene steht, schießt von Neuem.
Alle außer Hicketier und Wolke stürzen zu ihm.*

DER ARZT. Sind Sie wahnsinnig? Alles ist vorbei, Herr Krey leicht
verwundet. Sie blieben unverletzt.
SCHIPPEL *mechanisch.* Danke.
DER ARZT. Wollen Sie zur Versöhnung Ihren Gegner nicht aufsuchen?
SCHIPPEL *mechanisch.* Bitte.

Er lässt sich vom Arzt nach hinten führen.

WOLKE *tritt ihm entgegen.* Haben Sie Dank, edler, edelmütiger Mann.
Nie wird Wolke ihre Großmut vergessen.
HICKETIER *kommt und sagt zu Müller und Schultze.* Ihres Mandanten
Haltung war heldenhaft.

Müller und Schultze verbeugen sich.

HICKETIER. Wie bei dem Singfest voll überlegener Ruhe und Sicher-
heit.

Müller und Schultze verbeugen sich.

HICKETIER. Ehre, einem solchen Schützen Sekundantendienste zu tun.

Müller und Schultze verbeugen sich. Exeunt. Schippel kommt zurück. Hicketier tritt ihm gegenüber. Die beiden Männer, allein auf der Szene, schauen sich Augenblicke an, dann sagt

HICKETIER. Ich habe Ihnen mit gehässiger Voreingenommenheit, bewusster Abneigung Ihrer Herkunft wegen den Eintritt in unsere Gezirke bisher verwehrt. Sie haben mich besiegt. Für meine Pflicht halte ich es, auszusprechen, wie mich hinfort Ihr Umgang ehrt. *Er reicht ihm beide Hände.*

SCHIPPEL. Ich bin sehr glücklich.

HICKETIER. Dieser Tag soll Folgen haben. Das Andenken an das von Ihnen Geleistete darf nicht verloren gehen, und ich setze mich dafür ein, dass Ihnen die höheren Segnungen des Bürgertums voll und ganz zuteil werden. Auf Wiedersehen, lieber Herr Schippel. *Er zieht mit Anstand den Hut vor ihm. Exit.*

SCHIPPEL *in voller Sonne allein, verbirgt überwältigt sein Gesicht in Händen.* Die Segnungen voll und ganz – zu viel. *Leise und mit Glückseligkeit:* Du bist Bürger, Paul. *Er macht vor sich selbst eine ausladende Reverenz.*

FINIS.

Erzählungen aus dem Biedermeier

Biedermeier - das klingt in heutigen Ohren nach lang-weiligem Spießertum, nach geschmacklosen rosa Teetäss-schen in Wohnzimmern, die aussehen wie Puppenstuben und in denen es irgendwie nach »Omma« riecht.

Zu Recht. Aber nicht nur.

Biedermeier ist auch die Zeit einer zarten Literatur der Flucht ins Idyll, des Rückzuges ins private Glück und der Tugenden. Die Menschen im Europa nach Napoleon hatten die Nase voll von großen neuen Ideen, das auf-strebende Bürgertum forderte und entwickelte eine eige-ne Kunst und Kultur für sich, die unabhängig von feu-daler Großmannssucht bestehen sollte.

Georg Büchner Lenz **Karl Gutzkow** Wally, die Zweifle-rin **Annette von Droste-Hülshoff** Die Judenbuche **Friedrich Hebbel** Matteo **Jeremias Gotthelf** Elsi, die seltsame Magd **Georg Weerth** Fragment eines Romans **Franz Grillparzer** Der arme Spielmann **Eduard Mörike** Mozart auf der Reise nach Prag **Berthold Auerbach** Der Viereckig oder die amerikanische Kiste

ISBN 978-3-8430-1884-5, 444 Seiten, 29,80 €

Erzählungen aus dem Biedermeier II

Annette von Droste-Hülshoff Ledwina **Franz Grillpar-zer** Das Kloster bei Sendomir **Friedrich Hebbel** Schnock **Eduard Mörike** Der Schatz **Georg Weerth** Leben und Taten des berühmten Ritters Schnapphahnski **Jeremias Gotthelf** Das Erdbeerimareili **Berthold Auerbach** Lucifer

ISBN 978-3-8430-1885-2, 440 Seiten, 29,80 €

Erzählungen aus dem Biedermeier III

Eduard Mörike Lucie Gelmeroth **Annette von Droste-Hülshoff** Westfälische Schilderungen **Annette von Droste-Hülshoff** Bei uns zulande auf dem Lande **Bert-hold Auerbach** Brosi und Moni **Jeremias Gotthelf** Die schwarze Spinne **Friedrich Hebbel** Anna **Friedrich Hebbel** Die Kuh **Jeremias Gotthelf** Barthli der Korber **Berthold Auerbach** Barfüßele

ISBN 978-3-8430-1886-9, 452 Seiten, 29,80 €

Erzählungen der Frühromantik

1799 schreibt Novalis seinen Heinrich von Ofterdingen und schafft mit der blauen Blume, nach der der Jüngling sich sehnt, das Symbol einer der wirkungsmächtigsten Epochen unseres Kulturkreises. Ricarda Huch wird dazu viel später bemerken: »Die blaue Blume ist aber das, was jeder sucht, ohne es selbst zu wissen, nenne man es nun Gott, Ewigkeit oder Liebe.«

Tieck Peter Lebrecht **Günderrode** Geschichte eines Braminen **Novalis** Heinrich von Ofterdingen **Schlegel** Lucinde **Jean Paul** Des Luftschiffers Giannozzo Seebuch **Novalis** Die Lehrlinge zu Sais
ISBN 978-3-8430-1878-4, 416 Seiten, 29,80 €

Erzählungen der Hochromantik

Zwischen 1804 und 1815 ist Heidelberg das intellektuelle Zentrum einer Bewegung, die sich von dort aus in der Welt verbreitet. Individuelles Erleben von Idylle und Harmonie, die Innerlichkeit der Seele sind die zentralen Themen der Hochromantik als Gegenbewegung zur von der Antike inspirierten Klassik und der vernunftgetriebenen Aufklärung.

Chamisso Adelberts Fabel **Jean Paul** Des Feldpredigers Schmelzle Reise nach Flätz **Brentano** Aus der Chronika eines fahrenden Schülers **Motte Fouqué** Undine **Arnim** Isabella von Ägypten **Chamisso** Peter Schlemihls wundersame Geschichte **Hoffmann** Der Sandmann **Hoffmann** Der goldne Topf
ISBN 978-3-8430-1879-1, 408 Seiten, 29,80 €

Erzählungen der Spätromantik

Im nach dem Wiener Kongress neugeordneten Europa entsteht seit 1815 große Literatur der Sehnsucht und der Melancholie. Die Schattenseiten der menschlichen Seele, Leidenschaft und die Hinwendung zum Religiösen sind die Themen der Spätromantik.

Brentano Die drei Nüsse **Brentano** Geschichte vom braven Kasperl und dem schönen Annerl **Hoffmann** Das steinerne Herz **Eichendorff** Das Marmorbild **Arnim** Die Majoratsherren **Hoffmann** Das Fräulein von Scuderi **Tieck** Die Gemälde **Hauff** Phantasien im Bremer Ratskeller **Hauff** Jud Süss **Eichendorff** Viel Lärmen um Nichts **Eichendorff** Die Glücksritter
ISBN 978-3-8430-1880-7, 440 Seiten, 29,80 €

Karl-Maria Guth (Hg.)
Erzählungen der Frühromantik
HOFENBERG

Karl-Maria Guth (Hg.)
Erzählungen der Hochromantik
HOFENBERG

Karl-Maria Guth (Hg.)
Erzählungen der Spätromantik
HOFENBERG

Dekadente Erzählungen

Im kulturellen Verfall des Fin de siècle wendet sich die Dekadenz ab von der Natur und dem realen Leben, hin zu raffinierten ästhetischen Empfindungen zwischen ausschweifender Lebenslust und fatalem Überdruss. Gegen Moral und Bürgertum frönt sie mit überfeinen Sinnen einem subtilen Schönheitskult, der die Kunst nichts anderem als ihr selbst verpflichtet sieht.

Rainer Maria Rilke Die Aufzeichnungen des Malte Laurids Brigge **Joris-Karl Huysmans** Gegen den Strich **Hermann Bahr** Die gute Schule **Hugo von Hofmannsthal** Das Märchen der 672. Nacht **Rainer Maria Rilke** Die Weise von Liebe und Tod des Cornets Christoph Rilke

ISBN 978-3-8430-1881-4, 412 Seiten, 29,80 €

Erzählungen aus dem Sturm und Drang

Zwischen 1765 und 1785 geht ein Ruck durch die deutsche Literatur. Sehr junge Autoren lehnen sich auf gegen den belehrenden Charakter der - die damalige Geisteskultur beherrschenden - Aufklärung. Mit Fantasie und Gemütskraft stürmen und drängen sie gegen die Moralvorstellungen des Feudalsystems, setzen Gefühl vor Verstand und fordern die Selbstständigkeit des Originalgenies.

Jakob Michael Reinhold Lenz Zerbin oder Die neuere Philosophie **Johann Karl Wezel** Silvans Bibliothek oder die gelehrten Abenteuer **Karl Philipp Moritz** Andreas Hartknopf. Eine Allegorie **Friedrich Schiller** Der Geisterseher **Johann Wolfgang Goethe** Die Leiden des jungen Werther **Friedrich Maximilian Klinger** Fausts Leben, Taten und Höllenfahrt

ISBN 978-3-8430-1882-1, 476 Seiten, 29,80 €

Erzählungen aus dem Sturm und Drang II

Johann Karl Wezel Kakerlak oder die Geschichte eines Rosenkreuzers **Gottfried August Bürger** Münchhausen **Friedrich Schiller** Der Verbrecher aus verlorener Ehre **Karl Philipp Moritz** Andreas Hartknopfs Predigerjahre **Jakob Michael Reinhold Lenz** Der Waldbruder **Friedrich Maximilian Klinger** Geschichte eines Teutschen der neusten Zeit

ISBN 978-3-8430-1883-8, 436 Seiten, 29,80 €